Die Frau in der Literatur

Arnošt Lustig

Die Ungeliebte

Aus dem Tagebuch einer Siebzehnjährigen

Aus dem Tschechischen von
Peter Sacher
Mit einem Nachwort von
Jiří Gruša

Ullstein Taschenbuch

Die Frau in der Literatur
Lektorat: Hanna Siehr

Ullstein Buch Nr. 30224
im Verlag Ullstein GmbH,
Frankfurt/M – Berlin

Vom Autor erweiterte Ausgabe

Tschechischer Originaltitel:
›Z deníku sedmnáctileté Perla Sch.‹
Erstausgabe bei Sixty-Eight Publishing
Corporation Toronto, Canada

Umschlagentwurf: Theodor Bayer-Eynck
Umschlagfoto: Wolf Huber

Printed in Germany 1989
Gesamtherstellung:
Ebner Ulm
ISBN 3 548 30224 6

August 1989

CIP-Titelaufnahme
der Deutschen Bibliothek

Lustig, Arnošt:
Die Ungeliebte: aus dem Tagebuch einer Siebzehnjährigen /
Arnošt Lustig. Aus d. Tschech. von Peter Sacher. Mit e.
Nachw. von Jiří Gruša. – Vom Autor erw. Ausg. –
Frankfurt/M; Berlin: Ullstein, 1989
(Ullstein-Buch; Nr. 30224: Die Frau in der Literatur)
Einheitssacht.: Z deníku sedmnáctileté Perla Sch. <dt.>
ISBN 3-548-20224-6
NE: GT

I

1. August. Einmal. Eine Haarspange und ein Kamm.

6. August. Dreimal. Ein Spazierstock. Ein Damenregenschirm. Ein Füllfederhalter und ein Glas mit blauer Tinte.

11. August. Sechsmal. Ein Glas verwässerte Milch für Säuglinge. Ein Rucksack und ein Paar Herrengaloschen. Ein Damenhandkoffer aus Vulkanfiber. Ein Achtel Roggenbrot. Zulagenscheine für Schwerarbeiter.

Schon seit elf Tagen schlafe ich auf dem Speicher neben dem Feuerwehrhaus in der L-Straße. Herr L. ließ für mich die Mansarde herrichten. Von hier aus kann ich durch die Dachluke die Berge und die Hamburger Kaserne sehen – dort fahren die Transporte ab, und neue kommen dort an. Auf der nördlichen Bastei wachsen Erlen und Linden. Die Blätter werden langsam gelb. Zuerst werden sie gelb, und dann fallen sie ab.

In der Früh um drei Uhr bin ich aufgewacht. Eine der Ratten, die schon lange vor mir hier hausten, scharrte an den Dielenbrettern wie eine Katze oder ein Hund. Ich schaute durch das Dachfenster hinaus. Der Himmel war klar, voller sommerlicher Sterne. Ich sah all die Himmelskonstellationen, deren Namen ich längst schon vergessen oder auch nie gekannt habe. Gestern hat es geregnet, so ganz anders als vor zwei Wochen, als ich mit Ludmila noch im Mädchenheim an der L 410 gewohnt habe und wir die Regentropfen auf das

Pflaster, auf die Fenster, die Bäume und die Dachrinnen trommeln hörten. Ich weiß, daß der Regen hier nicht eindringt.

Einmal. Eine Schachtel Streichhölzer.

Der alte O. saß bei mir und blieb fast bis in den Morgen. Er erzählt mir immer, wo überall in der Welt er gewesen ist, und berührt mich nicht ein einziges Mal, nie. Ihm genügt, daß er bei mir ist oder daß ich ihm zuhöre. Das ist nicht etwa ein Trick, ich fühle, daß er einfach wirklich nichts will oder jedenfalls nicht das, was schon eher für mich mit allem zusammenhängt.

Aber ich könnte wetten, daß er mich anblickt, auch in dieser schwarzen Dunkelheit, in der er nicht einmal seine Nasenspitze sehen kann. Er ist ein Sonderling wie so viele andere Leute auch, selbst wenn sie im hiesigen Irrenhaus nicht gerade einen festen Platz haben. O. hat mir von Afrika erzählt. Er hat ganz verkrüppelte Finger, man hat sie ihm in der Kleinen Festung versengt, weil er das, was er sah, auch malte – sein Ermittlungsoffizier nannte es *Greuelgeschichten.*

O. erzählte mir von der Sahara. Wie sich der Sand dort in Wellen hinzieht wie ein goldenes Meer. Wie man dort atmet, als trinke man heiße Luft. Am Rande der Wüste befinde sich eine ganze unterirdische Stadt, wo die Wüstenleute ihre Behausungen haben, Pferde, Haustiere und Brunnen, so daß sie dort leben wie in einer greifbaren Finsternis. Dann schilderte er mir eines ihrer Feste, bei dem sich die Eingeborenen im nächtlichen Schein der lodernden Feuer Dolche oder Schwerter in die eine Seite ihrer Kehle stechen, damit die ganze Klinge durchdringe und am anderen Ende wieder heraustrete, ohne daß ein einziger Tropfen Blut zum Vorschein kommt. Doch am Tag hatte er nicht eine einzige Spur finden können, die auf eine unterirdische Stadt gedeutet hätte, man konnte da nur nachts hinein.

Morgens nahm er mich an der Hand, sah mich an und begann zu weinen.

Einmal. Eine Salzbüchse aus blauweißem Meißner Porzellan.

Von hier habe ich es auch nicht weit zur Magdeburger Kaserne, wo jetzt meine Küche ist und von wo aus ich meine Zuteilung bekomme. Herr L. hat mir die Speisekarte gebracht: *Speisenfolge der Woche*. Eine interessante Lektüre.

Zum Glück habe ich es auch zum Irrenhaus in der Kavalier-Kaserne nicht weit, wo gerade die Tochter von Herrn Theodor Herzl, dem Gründer der zionistischen Bewegung, festgehalten wird. Herr L. hat mir gesagt, daß Genies meist schwachsinnige Kinder haben, und Ausnahmen würden wohl nur die Regel bestätigen. Außerdem hat mir Herr L. die letzte Ausgabe der ›Mitteilungen der Jüdischen Selbstverwaltung Theresienstadt‹ gebracht, an welche Transporte Post ausgegeben wird, wann ich meine Wäsche abgeben kann und daß die Leitung mit deutscher Zustimmung einen Wettbewerb ausgeschrieben hat, um eine Benennung für die III. Bastei, die Schäferei und noch zwei weitere Straßen zu finden, und der erste Preis sei eine Sardinenbüchse, der zweite ein Pfund Mehl, ein halbes Pfund Zucker und hundert Gramm Sana. Der dritte Preis interessierte mich nicht mehr, weil Herr L. wie immer die Urteile unseres jüdischen Gerichts angefügt hat, damit ich sah, wie fest sie die Dinge im Griff hatten. Weil sie Päckchen gestohlen hatten, waren von den jüdischen Richtern und der jüdischen Polizei acht Leute für vier Wochen in die Arrestzellen der Magdeburger Kaserne gesperrt worden; weil sie nicht zur Arbeit angetreten waren, hatten irgendein Herr Schilling und ein Herr Scheidl vierzehn Tage bekommen; dafür, daß ihm die Arbeiter weggelaufen waren, hatte irgendein Herr Kurt Besser eine Woche bekommen. Im Kaffeehaus an der Hauptstraße 2 geben Sommer und Herz am Freitag ein Klavierkonzert (Chopin) und am Samstag Beethoven. Der Beginn ist um 19.15, und der Eintritt ist frei. Die Bank hat am Montag von 7.30 bis 12.30 auf, und die Zentralbäder an der Parkstraße für Transporte mit ungerader Schlußziffer am Dienstag, am Donnerstag und am Sonntag. Mit Heizmaterial soll gespart werden, natürlich. Ich schätze, daß wir kaltes Essen bekommen und in den Bädern mit kaltem Wasser vorliebnehmen werden.

Das aus roten Ziegelsteinen erbaute Irrenhaus zwischen den Bäumen sieht wie eine Bäckerei aus. Ein Stück weiter weg ist die Entlausungsstation mit dem hohen Kamin, und noch etwas weiter weg ist die Post. Auf dem großen Kasernenhof des Irrenhauses tummelten sich einst die Kavallerie-Regimenter der Maria Theresia, über die man heikle und zotige Geschichten erzählt, daß sie sich ihre Liebhaber unter den Soldaten suchte und daß sie, wenn nicht genügend Soldaten oder Offiziere zusammenkamen, den Pferden den Vorzug gab.

An die Pferde erinnert hier nichts mehr. Die festgestampfte Erde auf allen Kasernenhöfen und auf den Dächern der Wohngebäude und der einstigen Ställe, wo jetzt die Kranken untergebracht werden, sind nur von grünlichgrauem Moos überwuchert.

Es ist unser üblicher Ausgang, wenn Ludmila kommt. Manchmal schließt sich uns auch Milena an. Einmal hat Milena gesagt: »Jetzt kann uns sowieso nichts Schlimmeres mehr passieren.«

Darauf hat Ludmila geantwortet: »Wieso? Man kann auch verrückt werden.«

Mich hat eher interessiert, wie lange man mit so was herumgehen, essen und schlafen kann, ohne daß es jemanden störte, und ob das nicht zufällig mein Fall sei.

Die Irren haben regelmäßig Ausgang; bei einigen kann man sehen, daß sie einen Grund zur Freude haben, andere interessiert das wohl nicht. Aber vom Hof aus sehen sie die vergitterten Fenster von außen, und das ist sicher ein Unterschied, ob man die Gitter von außen oder von innen sieht.

Die Büsche ringsherum sind während der zwei Jahre dichter geworden.

Ich versuche immer zu erraten, welche wohl die Tochter des Autors der Schrift *Der jüdische Staat* ist. Aber das kann jede der Frauen sein. Noch nie habe ich es herausbekommen, und keiner hat mir etwas bestätigt.

28. August. Dreimal. Zwei Schallplatten. Ein Achtel Roggenbrot. Dostojewskij, *Schuld und Sühne.* Ein Reisemanikürkasten.

In der Nacht zweimal. Eine Wärmflasche. Hundert Gramm Puderzucker.

29. August. Zweimal. Ein Packen rosa Briefpapier. Eine Nagelfeile.

30. August. Fünfmal. Eine Sammlung von Ansichtskarten der schönsten europäischen Städte und Kurorte. Ein Achtel Roggenbrot. Zwei Kartoffeln. Fünfzig Mark in Zehnerscheinen. Ein Bilderrahmen aus Leder für Fotografien. Einmal. Ein handgestrickter Skipullover aus Wolle.

Herr L. meint, es gebe auf der Welt dreierlei Menschensorten. Die Schiedsrichter, die, wie beim Fußball, unparteiisch und streng dreinblicken und wollen, daß jede ihrer Entscheidungen, auch die schlechteste, von allen ohne Widerrede für die richtigste gehalten wird. Die Kolumbusse, die etwas entdecken, was es schon längst gibt, so daß sie statt des Indien, das sie suchten, immerzu Amerika finden, das schon längst vorher dort war. Die dritten sind die Napoleons. Sie führen Frankreich in den Krieg, damit sie es retten, und das Ergebnis ist die Niederlage Frankreichs.

Für Herrn L. ist das Schicksal der Länder nur ein Spiegelbild der menschlichen Schicksale oder umgekehrt. Er glaubt, daß es mit der Menschheit schon seit einigen Jahrhunderten bergab geht, doch glücklicher- oder unglücklicherweise niemals mit allen auf einmal, und deshalb wehre dem nie einer wirklich. Er glaubt nicht, daß man da noch etwas machen könne.

Einmal hat er mich in die hiesigen Katakomben mitgenommen und behauptet, an diesem Ort würden die Menschen, die diesen Krieg überleben, dahinvegetieren, und deshalb brauchen wir sie nicht zu beneiden.

Wir hielten uns eine Zeitlang an den Händen. Herr L. machte mich darauf aufmerksam, daß man in den Katakomben besser nicht spricht, man vermag nie zu sagen, wie weit das Wort getragen wird, wer es alles hören kann. Ich ließ ihn los. Ich fühlte, daß er einen Schritt von mir weg war. Ich drehte mich zur Seite. Plötzlich war er nicht mehr da. Ich flüsterte. Es hallte weit. Ich tat blind einen Schritt. Irgendwo in der Ferne verhallte mein Flüstern. Ich wiederholte es nicht mehr. Die Luft wurde schwer. Die Dunkelheit verdichtete sich. Die Geräusche, die Stille dröhnten. Mir schnürte sich die Kehle zu. Ich fühlte mich schrecklich. Ich hatte Angst. Ich zwang mich zu lachen. Doch zum Lachen fand ich keinen Grund. Wo war der Ausgang? Ich fühlte mich am Ende der Welt, am Ende der Zeit. Im Nu war ich am ganzen Körper von Schweiß bedeckt. Plötzlich spürte ich hinter meinem Nacken den Atem, den Mund und die Hand des Herrn L. Verängstigt, aber auch erleichtert griff ich nach der Hand.

Draußen genoß ich das Licht. Ich hörte Herrn L.s Stimme. Das Getto kam mir vor wie ein Zuhause. Ich denke, daß ich mich in diesem Moment dafür haßte, so sehr davon abhängig zu sein.

»Da unten bekommt mich keiner mehr hin«, sagte ich. Ich blickte in die Sonne, bis ich fast blind davon wurde. Das war einer der seltenen Augenblicke, da er sich draußen mit mir sehen ließ. »Jetzt weiß ich, wie sich Blinde, Stumme und Taube, wie sich Verschwundene und Ertrunkene irgendwo am Meeresgrund fühlen.« Ich dachte an Menschen, die plötzlich verschwinden und keinen Ausgang mehr finden. An

Menschen, denen es nichts mehr nützt, mehr Anstand gezeigt zu haben, als man es von ihnen erwartet hat, in Situationen, da nur wenige anständig bleiben. Es ist schrecklich, von jemandem abhängig zu sein. Etwas wollen, was man nicht hat, was man nur von anderen bekommen kann. Ich wußte nicht, daß im Dunkeln alles in mir größer wird, was ich an mir nicht leiden kann, Feigheit, Angst, Jähzorn. »Das Wetter ist schon lange nicht mehr so schön gewesen«, sagte ich.

Dann hat er wahrscheinlich versucht, mir die Bedeutung des Wortes Dekadenz zu erklären, doch bin ich mir nicht sicher. Sind die Länder oder die Menschen nun klug oder dekadent, wenn sie mit allen Prinzipien wie mit Toilettenpapier umgehen, sich an kein Versprechen halten, ob sie es nun selbst gegeben oder es erhalten haben, und jedes Bündnis eingehen oder jeden verraten, wann und wie es ihnen immer paßt? Man kann ihnen nicht trauen, und schließlich trauen sie nicht einmal sich selbst. Tückisch stechen sie einen im Augenblick der Umarmung in den Rücken, schlimmer als der letzte Pferdeknecht. Kaum anzunehmen, daß sie sich zum Besseren wenden. Sie können nur stärker oder schwächer sein. In Wirklichkeit sind sie bereit, die ganze Welt zu berauben und zu zerstören, nur damit sie um einen Fünfer reicher sind. Und genau das werfen sie ihren Widersachern und Gegnern vor; Mut haben sie nur den Schwachen gegenüber, und den Starken laufen sie nach.

Er ist von diesen Dingen regelrecht besessen, so als wären wir nicht, wo wir sind, und als würde er das alles nicht mir nur erläutern, sondern die Umstände, wenn er sie nur genau darstelle, auch ändern können.

Er sagt: »Einige Leute sind weder wie Schiedsrichter noch wie Kolumbusse, noch wie Napoleons. Sie sind farblos, ohne Gestalt, nichts, nichts, nur pure Existenz. Ihr einziges Ziel ist es, all diejenigen schlechtzumachen, die besser sind als sie, die mehr geleistet haben.« Ich weiß, wen er gemeint hat. Er kennt da einen von unseren Leuten, der nie das Militärmaß erreichte und sich dadurch schadlos hielt, daß er mehr schrie als sprach, ja manchmal plärrrte er regelrecht, um auf sich aufmerksam zu machen.

Ich habe das auf den Unterschied zwischen Mann und Frau übertragen. Da hat er gelacht: »Eine Frau würde am liebsten zwanzig Minuten vorher reden und der Mann erst zwanzig Minuten danach.«

Und dann hat er hinzugefügt, daß Frauen und Männer nur selten in gleicher Stimmung sind.

Wir werden alle zunehmend abergläubischer. Ludmila begann sich selbst nun, außer mit der schwarzen Katze, die angeblich Pech bringt, wenn sie einem über den Weg läuft, mit der Zahl Dreizehn zu schrecken.

Gestern sagte mir Ludmila: »Ist es immer so, daß man, wenn man mit jemandem ins Bett geht, in jedem Fall riskiert, einen Körper zu gewinnen, aber die Freundschaft, die einen dazu gebracht hat, zu verlieren? Bekommst du je mehr, als du erwartest, und gibst auch mehr, als man von dir erwartet?«

Darauf sagte ich ihr: »Einer stiehlt, ein anderer lügt. Für manche ist das Leben wie ein Bankraub, bei dem man einerseits sich selbst riskiert und andererseits, falls man sich ohne viel zu überlegen hineinstürzen kann, soviel davontragen kann, wie gerade in der Kasse ist.«

Dann schaute ich aus dem Fenster und zeigte ihr den Kirchturm, wo es die fünfte Stunde schlug. »Es gibt Dinge, die sich wiederholen, und Dinge, die nur einmal sind. Und es gibt Menschen, für die sich die Dinge wiederholen, und Menschen, für die sie nur einmal sind. Ich höre schon den zehnten Tag diesen schönen, langsamen Glocken zu, als wären sie das Herz von etwas derart Großem, daß ich es nicht verstehe und weiß, daß es nicht für mich ist.

Ich weiß nicht einmal, wie viele Jahrhunderte dieser Turm schon hier steht und wie viele Jahrhunderte die Glocken im Glockenstuhl schon zählen, aber ich kann mir vorstellen, daß sie all die Jahrhunderte genauso tönten wie jetzt, langsam, gründlich, ohne die Stimme oder den Rhythmus zu ändern, und sie werden noch viele weitere Jahrhunderte so dröhnen, falls kein Erdbeben oder keine Flut kommt; und zum Unterschied zu dir oder mir werden sie nichts anderes versprechen als den Frühling, den Sommer, als Herbst und Winter, Geburt, Tod, Jubiläum, während weder du noch ich wissen, was morgen sein wird oder was noch heute abend oder heute nacht geschieht.«

Fünfmal. Eine Kerze. Ein Glas Erdbeermarmelade. Warme Socken für den Winter. Fünfundzwanzig Mark. Elf Mark.

Einmal. Fünf Meter Elektrokabel mit Steckbuchsen an den Enden. Eine Schachtel Sicherheitsnadeln.

Milena hat einen Bekannten im Kolumbarium, wo die Asche von Leuten, die bereits ins Gras gebissen haben, aufgehoben wird, bevor man das Ganze in einem Aufwasch in die Eger schüttet, damit es den Fischen im Meer gutgeht.

Nach der Meinung von Herrn L. sind es jetzt dreihundert Menschen täglich. Und so schaue ich Milena an und Ludmila und meine Nachbarn, unbekannte Leute, und stelle sie mir als Fische vor. Nie stelle ich mir Menschen als Asche vor.

Die Toten werden nachmittags von Leichenwagen eingefahren, von Menschen gezogen, acht vorne, acht an den Seiten und vier hinten; vorher und nachher dienen die Wagen den Bäckereien zum Anliefern von Brot oder zum Transport von Baumaterial.

Ich sagte zu Milena: »Würdest du mir glauben, daß ich noch nie einen toten Menschen aus der Nähe gesehen habe?«

Ich hatte die Rede darauf bringen wollen, was sie im Kolumbarium suche, wenn sie mit jemandem sprechen wolle.

»Du solltest dich daran gewöhnen«, wich sie einer direkten Antwort aus.

»Ich gehe den Toten vielleicht aus den gleichen Gründen

aus dem Weg, die du hast, wenn du ihnen näherkommen willst.«

Milena trägt Schuhe mit hohen Absätzen, stolpert hinter dem Leichenwagen her und sieht elegant und lächerlich zugleich aus.

»Ich hoffe, daß dich die Kälte abschreckt, wenn dich die Sonne nicht abschrecken konnte«, sagte ich.

Am Abend hatte ich es Ludmila erzählt. Ludmila blickte ins Leere, als könnte ich selbst auf das kommen, was kommt. Ich war nahezu froh, daß es kam.

Ludmila sagte mir: »Hättest du denn den Magen dafür, irgend etwas mit den Leuten vom Kasino oder von der Kommandantur zu haben, weil du dauernd hinguckst?« Ich weiß nicht, ob sie glaubte, ich würde ihr darauf antworten.

1. September 1943. Vorsichtig fragte ich ihn, ob es ihm nicht mehr Spaß machen würde, in einer Maschine zu sitzen und zu fliegen, statt sich mit Gefängnissen zu befassen. Er lächelte nur. Dann sagte er mir, als hätte ich die deutschen Sachen begriffen, daß die nationalsozialistische Revolution Treue und grenzenlose Ergebenheit von ihm verlange, überall, ob nun an der Front oder im Hinterland. Ich wagte es nicht, ihn zu fragen, warum seine Treue nicht auch seiner Brunhilde galt.

Er versuchte mich davon zu überzeugen, daß er anders sei als die anderen. Bestimmt sei er mutiger und nicht so engstirnig, sagte er wörtlich.

Und er sagte mir, daß ich schön sei, daß ich Beine hätte wie von Albrecht Dürer gemalt und daß es fast schade sei, daß ich eine Jüdin bin.

Dann erzählte er mir, was alles er in den anderen Lagern gesehen und gelernt habe, von denen wir noch keine Ahnung hätten und über die man nicht einmal in den höchsten deutschen Kreisen offen spreche, die geschlossene Gesellschaft der eingeweihten Stabsoffiziere ausgenommen, und er erwähnte, daß er, was sein Leben hier angehe, sich aus den Reihen unserer Leute nur diejenigen zu Mitarbeitern erwähle, die kein sauberes Gewissen hätten. Begriffe wie Verrat oder Treue lehnte er für unsere Verhältnisse ab. Und er fügte hinzu, daß er zugleich nur die Besten von uns erwähle, sie würden im Laufe der Zeit, wenn sie sich zwischen dem Schlimmeren und dem Schlimmsten entscheiden müßten, ohnedies keinem mehr im besten Licht erscheinen. Dann wunderte er sich noch, wie sauber ich es hier habe, relativ natürlich, wie er hinzusetzte.

»Eine große Maus lebt hier mit mir«, sagte ich. »Eine alte Ratte.«

»Stimmt, hier wimmelt's überall von Ratten. Das ganze Land ist voller Ratten, alle Häuser, Gänge, Speicher und Küchen oder Schlafzimmer.«

»Keiner vertilgt sie«, sagte ich.

»Wir haben alle Hände voll zu tun«, seufzte er.

Als ich ihn fragte, ob er nicht Angst habe, mit mir zusammenzusein, lachte er und sagte, er könne mich auf beliebige Art und Weise, zu jeder Tages- und Nachtzeit töten. Und daß er das übrigens gar nicht selbst erledigen müsse, ja, daß er mein Blut gar nicht zu sehen wünsche.

Er glaubte wohl, ich würde das zum Lachen finden. Ich mußte aber eher daran denken, wie sich die Besten von uns mit den Schlechtesten in einem Boot zusammenfinden und Hand in Hand einem unbekannten Ziel entgegenrudern, eins-zwei, eins-zwei, als habe der Augenblick des Überlebens automatisch all das auszulöschen, was gewesen ist.

»Wo ist die alte Ratte?« fragte er. Ich zeigte in die Ecke, auf die Diele. Er feuerte einen Schuß dorthin ab. Dann bot er mir an, nachzufragen, welche Chance ich hätte, von einer der neuen Anstalten aufgenommen zu werden, wo man Frauen nach den Erfordernissen der nordischen Rasse umerziehe.

»Hören Sie auf zu schießen«, bat ich ihn. »Keiner wird wissen, was los ist.«

Ich horchte genauer hin, als er sagte, daß es nicht immer

notwendig sei, ein ganzes Dorf, eine ganze Straße zusammenzuschießen, ein ganzes Haus zu liquidieren, daß es manchmal völlig genüge, einen Menschen in einem Haus, in einem Dorf oder einer Stadt zu töten, damit das ganze Haus, damit Straße, Stadt und manchmal das ganze Land den deutschen Behörden Gehorsam schworen.

Es gibt viele Möglichkeiten, einen Mann zu amüsieren. Soweit mir etwas davon unbekannt gewesen ist, habe ich inzwischen nachholen können, was in meinen Kräften stand. Dabei sage ich mir, daß ich noch Glück habe und daß es genügend Menschen gibt, die weit schlechter dran sind. Ich habe gelernt, nicht zu klagen und mich selbst auch nicht zu bemitleiden, ja ich schätze es nicht einmal, wenn ein anderer mich bedauert. Ich glaube, daß ich in der Tat relativ glücklich bin. Als ich einmal nach Suppe Schlange stand, sagte mir einer, ich sähe so traurig aus, ich solle beten. Ich dachte mir: warum nicht. Aber ich kann nicht beten. So mußte ich mir ein eigenes Gebet ausdenken. Ich weiß nicht, wo darüber entschieden wird, daß ein Mensch glücklich oder unglücklich sein soll.

Ich setze mir im Gegensatz zu Ludmila nicht Grenzen wie sie. Irgendwas in mir sagt mir, was akzeptabel ist, und warum es das ist, und was nicht und warum nicht. Und was besser oder was schlechter für mich ist, was am besten oder am schlechtesten. Was für die Männer am besten ist, ist meistens auch gut für mich. Was das betrifft, bin ich sicherlich unter einem glücklichen Stern geboren.

Obgleich der Kabbalist wieder von sich hat hören lassen, wonach derjenige, »der sich allzusehr mit Frauen abgibt, sich Schaden zufügt und zu einem Abkömmling der Hölle wird«. Ich stelle mir mich selbst als Tochter der Hölle vor. Es war nach keiner dort. Wer weiß, wie es ist? Aus der zeitlichen Distanz scheinen alle alten Weisheiten, wenn man sie über einen neuen Leisten ziehen will, schwach. Seine ganze Kabbala kann er sich an den Hut stecken. Aber er klammert sich daran, als würde er ertrinken. Vielleicht ertrinkt er auch, nur weiß er es noch nicht. Mir ist schon ein paarmal der Gedanke gekommen, daß Frauen ebenso die Männer vergewaltigen wie umgekehrt. Der Körper ist Instrument in einem Spiel, das manchmal aufhört, nur amüsant zu sein. Zugleich aber ist es auch anders herum. Wenigstens bei mir. Schlimmer wäre es, wenn es nicht so wäre. Und außerdem, man wird mit der Zeit jeder Sache überdrüssig. Das überraschendste Ding wird plötzlich alltäglich und dann wieder, aus heiterem Himmel, mit jemand anderem, zum allerinteressantesten. Und wenn ich schon nicht meinen eigenen Körper auswechseln kann, dann bin ich froh, wenn ich den anderen wechseln kann.

So und so leben wir, laut Herrn L., zwischen zwei Sintfluten. Ich sagte zu Lída, daß es doch zu niemandem kommt wie der Blitz aus heiterem Himmel. Und einige Mannsbilder sind klug oder erfahren genug, um zu wissen, daß zuallererst sie selbst kundtun sollten, daß sie es nicht für irgendwas Perverses halten.

Ich fragte Lída: »Magst du lauwarme Milch?«

2. September 1943. Herr L., Ältestenratmitglied, sagte mir, er wolle nicht, daß wir über Theresienstadt sprächen. Für den heutigen Nachmittag schlug er Monte Carlo als Konversationsthema vor. Dort habe er einmal einen zweiwöchigen Hotelaufenthalt verspielt und mit seiner Frau eine Woche früher als geplant abreisen müssen. Oder ich könne mich für irgendeinen Hafen meiner Wahl entscheiden, so lange es nicht Hamburg oder Bremerhaven seien.

Über Ratten hätte sich Herr L. nie unterhalten, selbst wenn sie ihm vor die Füße gelaufen wären.

Er war schon lange nicht hier. Einmal führte er auf die Frage, warum er so lange nicht dagewesen sei, zu seiner Rechtfertigung die Worte irgendeines französischen Autors an, die Liebe werde durch Unterernährung stark und stürbe, im Unterschied zu uns, an Übersättigung.

Er wollte das gleiche von mir wie der deutsche Fliegeroffizier, von dem er nichts weiß. Oder bilde ich mir nur ein, daß er von ihm nichts weiß, obwohl ich beschlossen habe, wie ein Grab zu schweigen? Einmal habe ich eine Andeutung darüber gemacht, und Ludmila machte ein Gesicht, als sei ihr schlecht geworden. Ich habe nicht mehr gesagt, sie solle ein Taschentuch bereithalten. Oder ein Stück vom Herrenhemd benutzen.

Herr L. sagte mir, daß wir zwar eine Vergangenheit hätten, aber keine Zukunft. Ihm sei, als wohne er einer Vorstellung bei, bei der er rückwärts schaue, zugleich aber mitspiele.

Ich suchte die L 218 auf. Gleich in der Passage traf ich auf den Kabbalisten. Erna H., ein Junge aus seinem Arbeitstrupp, stand mit der Schaufel in der Hand vor der Abfallgrube, die er zu reinigen hatte, und sah einer Schwalbe nach, die mit einem Regenwurm im Schnabel zum Nest in der Dachrinne flog. Die Schwalbe machte einen eleganten Bogen, und Erna H. sprach gedankenversunken zwei Worte aus. Der Kabbalist fragte ihn erstaunt: »Du weißt etwas über Maxim Gorki?«

»Hast du noch nie vom größten Flugzeug der Welt gehört? Vier Motoren an jedem Flügel? Wie es abgehoben hat und dann wieder heruntergefallen ist, weil ein Begleitjäger es rammte?«

Der Kabbalist beruhigte sich. Ihm fiel sichtlich ein Stein vom Herzen, daß der Junge mit der Schaufel doch nicht so belesen war, wie es ihn zuvor erschreckt hatte. Ernoušck ist einer jener Diebe, die sich auf Handkoffer aus den frisch angekommenen Transporten spezialisert haben. Obwohl man ihn noch nie bei etwas erwischt hat, um ihn zu seinen Kameraden vom Heim für schwer Erziehbare zu stecken, die er Tag und Nacht aufsuchte, wann immer er eine Weile frei hatte. Unter den Dieben war Erna H. immer der größte, weil er als erster von der III. Bastei in den Garten von Oberscharführer Heindl hinabgestiegen und der Katja Círer eine Rose gebracht hatte, um ihr die Hose ausziehen zu dürfen. Wenn überhaupt, wie Herr L. sagte, auch hier jemand die Gesetze achte, dann könne Ernoušek H. als Beispiel für einen dienen, der für alle Gesetze allenfalls Verachtung übrig habe.

Einmal nahm er mich als Partnerin in die L 417 mit, zur Schule des Ersten Heimes, schon nach der Stromsperre, damit ich sehen könne, daß auch diese Klügsten, die ihre eigene Zeitschrift herausgäben, nicht ein Zehntel dessen an eigener Erfahrung hätten, was er habe.

Auf dem Rückweg von der L 417 zeigte er mir einen Reisewecker, den er ihnen weggenommen hatte, nur damit sie, wenn er ihn morgen wieder zurückgibt, sehen, daß es mit ihrem Scharfblick bei weitem nicht so gut steht, wie sie vorgeben.

Ich erzählte Lída, wie ich einmal in der Schule in weißer Bluse mit kurzen, gebauschten Ärmeln aus waschechtem Stoff mit Blümchenmuster gesessen und meine Banknachbarin mir plötzlich gesagt hatte, ich habe eine hübsche, zarte Haut.

Ich wandte mich mit dem Kopf zu ihr und fragte sie, ob das gut oder schlecht sei.

»Schau«, sagte sie. »Du hast so flaumige Haare wie ein Pfirsich.«

»Wen interessiert das schon«, log ich damals.

Aber ich dachte daran, wie die Jungs mich streicheln und ob sie Spaß daran haben würden. Ich war noch nicht sonderlich reif, im Gesicht und auf der Haut hatte ich eine Menge Pickel. Auch mit meiner Brust war es nicht besonders weit her.

Herr L. hielt sich an sein Thema. Er behauptete, daß die größten Häfen der Welt, vielleicht noch bevor wir hier wegkämen, an Glanz verlieren und die schönen Schiffe, über die wir sprächen wie über Gemälde, Musikstücke oder andere Schöpfungen der Kunst, nur noch als Vergnügungsstätten, Restaurants oder luxuriöse Nachtklubs dienen würden.

Dann lächelte er, aber aus seinem Lächeln konnte man lesen, daß wir im besten Falle eine Chance von eins zu fünf Millionen hätten.

»Würden Sie mit mir tanzen gehen?« fragte ich.

»Jetzt gleich?« Herr L. hatte begriffen. »Auf welchem Schiff? Auf der Normandie? Auf der Queen Mary? Beide haben das Blaue Band für die Überquerung des Ozeans in Rekordzeit.«

»Ich hoffe, daß ich nicht seekrank werde.«

»Im Hafen schaukelt es noch nicht besonders«, sagte Herr L.

5. November. Einmal. Ein kleiner Hutkoffer. Am Nachmittag zweimal. Eine Kollektion warmer Damenunterwäsche. Abends dreimal. Ein Paar hohe Herrenschnürstiefel. Kniestrümpfe. Eine Nagelschere.

Wenn es derart regnet, habe ich ein Gefühl, als würde ich in einer Flasche stecken, und das Wasser ringsum stiege bis zum Flaschenhals empor.

6. November 1943. »Wir sind wie die Tiere«, sagte Ludmila. »Wir essen wie die Pferde im Stehen oder beim Gehen, schlafen in einem Stall wie das Vieh, sind voller Angst, selbst wenn uns auf den ersten Blick niemand bedroht, und sind vor allem gehorsam wie die Sklaven. Wir sind bei weitem nicht so schön, wie wir meinen. Jeder zweite könnte ein Schaf sein, mit einer wolligen Behaarung, die man schneiden kann. Daran ändert sich nichts, auch wenn es nicht einem von zehn oder einem von hundert gefällt.«

»Derartige Sorgen liegen mir fern wie Monte Carlo«, sagte ich. »Wenn du willst, kann ich dir von der alten Ratte erzählen, die mich dauernd aus dem Schlaf reißt und am Holz kratzt.«

»Könntest du jemanden töten, nur weil er ein Deutscher ist?«

Doch lag ihr offenbar nicht an einer Antwort, denn sie

fügte sofort hinzu: »Warum lassen wir uns brechen und biegen und drücken und töten sie nicht retour?«

»Noch hat dich keiner umgebracht«, sagte ich und schaute sie an. Lída ist hübsch, beinahe schon erwachsen, auch wenn sie glaubt, daß Erwachsensein mit möglichst großen Brüsten verbunden sei. Sie hat schwarze Augen wie eine Zigeunerin, aber lichtes, ins Goldene gehendes Haar und eine sehr vornehme Art zu gehen. Wenn es mir gelingt, ihr zu lauschen, ohne ihr eigentlich zuzuhören, fühle ich mich neben ihr wie ein Fisch im Wasser. Sie zählt zu den Leuten, von denen mir, wie ich fühle, weder Gefahr noch Konkurrenz droht.

»Ich will nicht warten, bis es zu spät ist«, sagte Ludmila.

Dann sagte sie: »Ich hatte einen Traum wie in der Bibel. Mir träumte von Regenwürmern, Eidechsen, Insekten und Maden. Ich stand auf einem Hof mit einem weitmaschigen Drahtzaun, und auf einem Abfallhaufen stolzierte ein Gänserich umher und pickte und hackte nach Käfern und Regenwürmern, gelegentlich nahm er sie in den Schnabel, hob den Kopf und ließ sie dann durch den Hals in den Magen gleiten. Ich weiß, daß Träume eine Bedeutung haben, die auf jeden persönlich bezogen ist. Keiner hat mir bisher erklären können, was der Schlaf außer dem, daß ich mich ausruhe, bedeutet. Manchmal begreife ich nicht, warum ich mir ganz unverhofft wie ausgestoßen vorkomme, nirgends hingehöre, mir selbst zuwider bin, ein Fremdling für mich selbst.«

»Ich stelle mir lieber einen Ofen vor, voller Kohle, durch den Kamin zieht der heiße Rauch und schält das Eis von den Wänden, und ich brauche nicht im Mantel im Zimmer herumzuhocken, mit einer Decke über den Knien und mit Handschuhen«, sagte ich. »Ich bin von Worten besessen. Als wären es Fische, oder Bäume, Wasser, Luft, der Himmel, Menschen oder Felsen oder Kreide.«

Ich schenkte Ludmila zwei Kartoffeln und bat sie, mir nicht mehr als hundertmal zu danken. Als sie mich fragte, wohin ich gehe, sagte ich, ich hätte eine wichtige Verabredung. Ich sagte ihr nichts darüber, daß mir Herr L. dieses kleine schwarze Heft gegeben hat, damit ich mir notieren könne, was, wie er sagte, sich Frauen ebenso regel- oder unregelmäßig wie etwa Einkünfte notierten. Ich habe notiert, was mir wichtig erschien. Als ich klein war, hat meine Mutter mir immer gesagt, daß Lügen die größte aller Sünden sei, aber sie hat nichts davon erwähnt, ob dies auch dann gilt, wenn man sich selbst belügt oder wenn man jemanden anlügt, weil dieser einen hundert-, tausendmal öfter betrügt.

Ich ging spazieren, rund um das Feuerwehrhaus, um den Park herum, wo auf der einen Seite das Kasino, auf der anderen die Kommandantur ist, stellte mir vor, was passieren würde, wenn ich den Luftwaffenoffizier träfe, und labte mich daran, in wenigen Tagen siebzehn zu sein.

Lída sagte mir: »Kommt es dir auch manchmal so vor, als würdest du nicht leben? Als wäre alles nur ein sich bewegender, atmender, gesprochener Traum? Als würdest du existieren, du stehst irgendwo um Suppe an, und zugleich gäbe es dich nicht. Eine eigenartige Existenz ist das, als wärest du durch eine hauchdünne Schicht von der Nichtexistenz abgegrenzt, aber nicht wie eine Puppe, aus der ein Schmetterling schlüpft, und auch nicht wie ein Mensch, der sich hingelegt hat und wartet, bis er einschläft.«

Daraufhin schilderte ich Lída, wie ich mal als kleines Mädchen von meinem Vater eine Ohrfeige bekam, weil ich eine neue Mütze verloren hatte. In Wirklichkeit hatte ich sie nicht verloren, sondern in den Aufzugschacht unseres Hauses geworfen. Dort blieb sie ein halbes Jahr lang begraben.

»Das war nicht nur Schmerz, was ich damals gespürt habe«, sagte ich. »Und es ist eine ziemlich feste Ohrfeige gewesen, wenn man bedenkt, wie wütend Vater und wie klein meine Wange gewesen ist. Ich war damals nicht mal vier. Hast du schon mal einen sitzen gehabt?« fragte ich schließlich; aber ich wußte, daß sie zu so etwas bisher keine Gelegenheit hatte. Ich mußte plötzlich daran denken, ob ich und Lída das Jahr 1944 noch erleben würden.

6. November. Einmal. Eine Gabel, ein Löffel, ein Messer. Am Abend zweimal. Ein Kartoffelkorb. Ein noch unangebrochenes Päckchen Briefpapier. In der Nacht zweimal. Ein hartgekochtes Ei. Ein Beutel getrockneter Karotten. Eine Haarbürste und Haarshampoo.

8. November 1943. In das Jugendhaus auf der L 218 und D 417, das große grüne Eckhaus, gehe ich jetzt so, wie man einst ins Café Aschermann gegangen ist. Harýček Geduld bemerkte meine schwarzen Garnhandschuhe und fragte, ob ich aus Langeweile zum *Entlausungsdienst* in der Entlausungsstation gegangen sei.

Wir saßen oben auf seiner Pritsche und spielten Monopoly. Das Spielgeld stellt Hary Geduld aus Pappkarton her. Das Spiel hat Harýček entsprechend aktualisiert. Abgesehen davon, daß er mit dem Kabbalisten, diesem Stockwerkkapo, ständig streitet und überall Schriften über die französische, russische oder weiß Gott welche Revolution aufzutreiben sucht, schreibt er Gedichte über die Sonne, über der toten Sterne Licht und ähnlich erhebende Dinge. Ich hatte zweimal die Sechs: »Schicken Sie umgehend zweitausend stinkender Juden zu Schneeräumearbeiten auf den Flugplatz Ruzyně.« Dann hatte ich fünfmal die Zwei: »Geben Sie Geld, Wertpapiere, Schmuck, Uhren und Verlobungsringe an die Bank zurück, lassen Sie sich eine Bestätigung aushändigen, und warten Sie den Transportbefehl ab.« Dafür hatte der Harýček dreimal die Drei: »Machen Sie eine Weltreise an Bord eines Luxusdampfers, nehmen Sie erster Klasse. Nachdem Sie um die ganze Welt gefahren sind, kehren Sie in den Ausgangshafen zurück. Zahlen Sie an jedem Haltepunkt tausend Goldmünzen. Zahlen Sie außerdem für jeden Passagier im Unterdeck. Für die Entlassung aus dem Staatsverband oder für die Aussiedlung zahlen Sie Sonderprämien. Sind Sie älter als sechzehn Jahre, bezahlen Sie alle absolvierten Schul- oder Umschulungskurse, die Ihnen der Staat gewährt hat. Zahlen Sie im Ausgangshafen das Fünffache der Reisekosten.« Dann hatte er die Eins: »Alle Häfen sind für Sie geschlossen. Übergeben Sie Ihren gesamten Besitz der Stadtverwaltung. Gehen Sie dahin zurück, wo Sie vor drei Spielen gewesen sind.« Der Fünfer wird nur mit Winterwäsche, Handschuhen und Pelzmänteln abgegolten, und wer dadurch auf das Feld *Winterhilfe* oder *Kraft durch Freude* gerät, liefert seine Sachen ab und begibt sich auf das Feld *Theresienstadt.*

Harýček Geduld, einer der Mischlinge, die nicht in den Osten fahren müssen, solange sie nicht älter als vierzehn sind oder ihre Eltern, die bis dahin zu Hause bleiben durften, nicht interniert wurden, ergänzt das Monopoly um weitere Felder und Komplikationen, wie etwa: »Zahlen Sie umgehend die nachträgliche Miete für Ihre Wohnung, aus der Sie vor zwei Jahren haben ausziehen müssen.« Oder: »Bringen Sie umgehend Besitztümer, Geld und Schmuck, die Sie in das Getto geschmuggelt haben, zum Amtsgebäude der Gestapo.«

Nur weniges findet er so amüsant wie dies hier. Er setzt jetzt noch Zahlungen für den Transport in den Osten hinzu, läßt uns einfach nichts geschenkt. Weil man die Tiere aus dem liquidierten Bergarbeiterdorf Lidice hierher gebracht hatte, bereicherte er das Monopoly um von den Deutschen verschonte Nutztiere wie etwa Schafe, Kühe und Hühner.

Nachdem ich nach neuen Gedichten gefragt hatte, zeigte er mir etwas über einen Juden, der in die Wälder geflohen war, sich aber freiwillig der Gestapo stellte, als man ihn wissen ließ, daß man seine Mutter, seinen Vater und seine Brüder aufhängen werde, sollte er nicht erscheinen. Gleich nachdem er gekommen war, erhängte man sie, damit er alles sah, bevor auch er gehenkt wurde.

»Kennst du nicht zufällig die Redensart, daß man nicht lachen soll, wenn alle weinen? Ich meine aber, daß man auch nicht weinen soll, wenn alle anderen lachen.«

Ich schaute ihn an. Daraufhin zeichnete er sofort ein weiteres Feld: »Ein Wald. Die Gestapo verlangt nach dir. Kehre um fünfzig Felder zurück.« Und dann fiel ihm ein, noch ein

Feld hinzuzufügen: »Tausche deine Transportkarte gegen die Nummer, die achtundvierzig Stunden lang in keinem Transport auftauchte. Zahle dem Vorsitzenden des Ältestenrates die volle Summe in Goldmünzen, mit Zuschüssen für seinen Rechtsberater, den Leiter der Registratur und den Chef des Gesundheitsdienstes. Wirf den Würfel, und hast du eine Zahl unter sechs, so wiederhole die vorangegangene Zahlung mit dem Zusatz, daß du an die Feuerwehr den gleichen Betrag zahlst wie an den Gesundheitsdienst. Du mußt so lange würfeln, bis du die Sechs bekommst. Solltest du dich völlig verausgaben, bereite dich auf den Transport vor.«

Danach tauschte er das Feld »Drang nach Osten« für »Drang nach oben« ein.

Nach zwei Stunden wurden wir des Spiels überdrüssig. Wir unterhielten uns über die *Rassenschande.* Das von allen Dingen geht Ludmila am wenigstens aus dem Sinn. Sie schaute zum Kasinogebäude hin, von wo gelegentlich Musik herüberklang, auch wenn nur am Abend getanzt wird. Sie gab mir einen Wink, als der Luftwaffenoffizier herauskam.

Draußen regnet es wieder. Das erinnert an die Sintflut, die aber nicht herabstürzt, sondern nur tröpfelt, Tröpfchen für Tröpfchen. Haryček Geduld gab einen Witz zum besten, wie unsere Urgroßväter nach vierzig Tagen gelernt hätten, unter Wasser zu atmen.

»Einer Freundin von mir, die es zum ersten Mal geschluckt hat, träumte danach, ihr wären davon die Haare ausgefallen«, sagte Ludmila.

»Einfach nur so? Und was war denn das, was ihr zum ersten Mal passiert ist?« fragte ich sie.

»Du weißt selbst, daß das bei einigen Mädchen das erste ist, was die Männer von ihnen wollen. Jede hat nicht das Glück, daß es nach und nach kommt und man sich daran gewöhnen kann. Daß es mehrere Männer sind, einer nach dem anderen, oder nur einer, der aber nicht alles auf einmal will.«

»Soll ich es dir schildern, als Beweis äußerster Ergebenheit?« fragte ich, weil ich Ludmila kenne und weiß, daß sie selbst eiskalte Dinge mit menschlicher Wärme füllen möchte. »Vielleicht, wenn du verstehst, was ich meine, ist es das, womit eine Frau ausdrücken kann, was alles sie fähig wäre auf sich zu nehmen oder was sie zu tun bereit ist.«

»Zuerst haben sie sich nur gestreichelt und geküßt, und dann hat sie es gemacht, weil sie noch Jungfrau war und verhindern wollte, keine Jungfrau mehr zu sein. Nachts hat sie davon geträumt. Ihr träumte, wie sie der Junge streichelt und küßt, hinten am Hals, wo sie es gern hat. Und dann war sie mit ihm in einem Lager und hat lange keinen Spiegel gesehen, bis sie mal in ein Fenster blickte und sah, daß sie keine Haare mehr hatte.«

»Das hat sie wohl wirklich geträumt«, sagte ich.

»Sicher, sie hatte so einen komischen Traum, aber geträumt hat sie ihn erst, nachdem sie das wirklich geschluckt hat.«

»War sie nicht einfach nur deshalb ohne Haare, weil man sie ihr abgeschnitten hat, so wie man sie allen abschneidet, oder sind sie ihr ausgefallen, als wäre sie wirklich krank?«

»Das ist nur der halbe Traum«, sagte Lída. »Dann haben sie sich wieder geliebt. Sie war schrecklich verliebt in ihn und wollte ihm alles machen, und auch sich selbst wollte sie alles machen. Und dabei konnte sie zusehen, wie auch bei dem Jungen Haare, Augenbrauen und Wimpern zu schwinden begannen. Je länger sie sich liebten, um so weniger Haare hatte er, aber dabei sollte es nicht bleiben. Plötzlich begann er vor ihren Augen völlig zu zerfließen, und auch sie begann zu zerfließen, bis sie sich beide in Nichts aufgelöst haben. Sie waren verschwunden.«

»Wie deutest du das? Was kann so ein Traum bedeuten?«

»Du weißt es nicht?«

»Nein. Wie sollte ich das wissen? Und ich bin mir nicht mal sicher, ob ich es überhaupt wissen will.«

»Wie sie so am Zerfließen waren, da war das, als leuchte ein Stern, der zu verlöschen beginnt, bis er dann völlig erloschen ist und am Himmel nur ein schwarzes Loch zurückbleibt; da fing das Mädchen zu weinen an.«

»Da bestand ihr Traum wohl aus drei Teilen?«

»Es war so schön, daß sie es nicht mehr aushalten konnte und zu weinen begann. Aber zugleich war es auch schrecklich. Wie sie so am Zerfließen waren, wollte sie sich an seinem Körper festhalten, als könnte sie es dadurch zum Stillstand bringen. Aber sie brachte es nicht zum Stillstand, sie zerflossen immerzu, und während sie schwanden, veränderte sich das Licht, zwei große Kreise wurden aus ihm, rot und gelb. Und diese Lichtkreise, es war, als würden sie sich gegenseitig in sich hineinziehen, gegenseitig aufsaugen, wenn du weißt, was ich meine. Wie zwei flache Sonnen, die, aus nächster Nähe gesehen, lautlos, zugleich aber mit einem so lauten Geräusch aufeinanderprallen, als wären am Bahnhof die Stoßdämpfer zweier Waggons aufeinandergestoßen, was man aber nicht hören, nur sehen kann, da man ganz weit weg ist. Nichts hat geholfen. Sie verschwanden. Es blieb nur dieses tote Licht. Und dann erlosch auch das Licht, wie ein Stern erlischt, und der Himmel bleibt leer.«

»Geht der Traum noch weiter?« fragte ich.

»Nein, das ist alles«, antwortete Ludmila. »Kannst du's mir abnehmen?«

»Danke, wenn du meinst, Träume lassen sich verteilen, dann gut.«

Ludmila erinnerte mich an eine Frau in Prag, die so viele Sprachen konnte, daß sie sich am Ende mit den Leuten nicht verständigen konnte. Ich kam mir aber auch so vor. Ludmila sah aus, als wäre sie dem Weinen nahe.

»Ich will es los sein«, sagte Ludmila.

»Was war, als deine Freundin erwacht ist?« fragte ich.

»Sie brachte ihm eine rote Rose. Die schönste, die sie im Garten hat finden können.«

»Das war auch ein Traum? Hat sie es vorher oder nachher gemacht, nach dem, wovon du gesagt hast, sie hätte es das erste Mal gemacht?«

»Das war wirklich. Alles war ein Traum«, sagte Ludmila.

»Sie hat es nicht schlucken müssen«, sagte ich leise. »Man muß es nicht schlucken. Sie hätte«, fügte ich hinzu, »alles im Mund behalten können, und beim Küssen hätte sie es ihm dann zurückgegeben. Ganz zu schweigen davon, wie einfach es ist, das Ganze einfach auszuspucken.« Ich mußte lächeln.

Lída preßte sich die Hände gegen den Bauch, als wäre ihr schlecht geworden. Zunächst dachte ich, sie hätte nur laut Luft geholt. Sie brach in Tränen aus.

Tags darauf gingen wir, Lída und ich, spazieren. Sie hatte eine Bluse mit Hemdkragen und Krawatte an, wie eine Deutsche. Ich erzählte Lída, daß die Leute Ernoušek H. gesehen hätten, als er mir die Rose brachte, denn er hatte es sich nicht versagen können, sie wenigstens im Haus auszupacken. Lída meinte, ich hätte Glück, und die Dinge würden immer zu meinem Vorteil ausgehen, und ich sei wie eine Katze, die, auch wenn man sie aus noch so einer Höhe werfe, immer sicher auf allen vieren lande. (Seither stelle ich mir vor, wie ich von einem Dach herunterfalle und auf allen vieren lande.) Wir sprachen über Irre, über Afrika, wie Herr O. es mir zu schildern pflegte, und über Fantasie. Wir gingen an einer Bäckerei vorbei, und das Brot duftete so herrlich, wie es nur eine Rose vermag, nur noch viel besser, denn es roch wirklich so, als wenn Brot gebacken wird. Dann gingen wir an einer Schmiede vorbei, wo es nach Feuer, Eisen und Schweiß duftete, und schließlich waren wir wieder beim Irrenhaus. Alles zieht uns letztendlich zum Irrenhaus hin.

Weit weg, aber wiederum nicht so weit, daß man sie nicht hätte sehen, ja, fast hätte man sie berühren können – waren Berge. Und Berge, die geben einem aus irgendeinem unerfindlichen Grund das Gefühl, selbst eine Art von Freiheit zu sein, die niemand zu fesseln vermag, selbst wenn sie einen in den schlimmsten Kerker werfen, aber warum, das hat noch keiner herausgefunden; es ist damit wie in dem Witz, den mir Herr L. erzählt hat, wo einige Medizinstudenten, wenn auch nur mit Hilfe von Kaninchen und Meerschweinchen, das Geheimnis des Lebens aufdecken wollten und deshalb eine Unmenge von Tieren ausweideten; doch sind sie nie dahintergekommen, weil in den ausgeweideten Tieren nicht mal der kleinste Lebensfunke mehr gewesen ist. Jeder Tag, den Lída mit mir verbringt, ist für sie, als wäre er vom Himmel gefallen. Einmal ist es die unbefleckte Jungfräulichkeit (haha!), ein andermal ist es der Mut (das finde ich nicht mehr so zum Lachen), und zum dritten etwa die Uneigennützigkeit.

Ich sagte: »Das, was mir in meiner Fantasie verlockend erscheint, hat in der Wirklichkeit nicht mehr den rechten Schmiß. Man kann nur einen Bruchteil umsetzen.« Aber zugleich dachte ich daran, daß das, was schon mal in der Fantasie ist, ohne weiteres auch in die Tat umzusetzen ist.

Die Irren hatten gerade ihren nachmittäglichen Spaziergang beendet. Sie sahen ruhig und verzweifelt aus, einige gingen in Formation, und alle, die ich aus nächster Nähe betrachten konnte, hatten traurige Augen.

»Aber das, was mich in meiner Vorstellung verlockt, zwingt mich, es in die Wirklichkeit umzusetzen, damit es mich in meiner Fantasie nicht vernichtet«, sagte Lída, als hätte sie meine Gedanken gelesen. »Fantasie bedeutet Leere, die Wirklichkeit Erfüllung.«

»Sie bedeutet aber auch Anfang und Ende«, sagte ich.

»Alles bedeutet Anfang und Ende, jede Sekunde«, sagte Ludmila fast traurig. »Jeder Atemzug, jedes Teilchen eines Traums.«

Ich schwieg. Ich wußte, was kommen würde.

»Manchmal steht alles auf dem Kopf«, sagte ich. »Fantasie ist Traum, Verworfenheit ist mal Lüge, mal Wahrheit. Aber für mich ist die Fantasie, du wirst es mir vielleicht nicht glauben, manchmal die einzige Wirklichkeit. Oder die annehmbarste aller Wirklichkeiten.«

Ludmila schwieg und sah den Irren zu. Sie dachte darüber nach, was für ein Mädchen die Leere und welches die Fülle bedeute, was in diesen beiden sich gegenseitig aufhebe, und wann und – wohl auch – wie. Sicherlich fiel ihr auch ein, mit wem. Und wie oft. Und, wie ich Lída kenne, auch warum.

Ohne die spazierengehenden Irren wurde das Irrenhaus still. Man konnte den Wind hören, und von Norden her zogen Gewitterwolken auf. Es sah ganz nach Regen aus. Die Luft kühlte ab. Wir gingen nach Hause. Ludmila drückte sich an mich wie meine Schwester oder meine Mutter oder meine Geliebte. Wenn es hier länger als eine Stunde regnet, verwandelt sich ganz Theresienstadt in einen Sumpf. Wer nicht auf die Straße muß, verkriecht sich in sein Loch. Straßen, Basteien, Häuser, alles ist voller Schlamm, auf den die Regentropfen niederprasseln.

Obwohl es derart hartnäckig regnete, bin ich zu einem Fußballspiel gegangen. Die Karten hatte ich von Herrn L. bekommen. Man spielte im großen Hof der Dresdner Kaserne, zweimal sieben Mann statt elf, weil der Spielplatz schmaler und kürzer war. Die letzten Spiele der Herbstliga mußten ausgetragen werden. Die Liga wurde eingeführt, nachdem die Deutschen massenweise Leute hingerichtet hatten, die trotz strengster Verbote in den Briefen an ihre Verwandten zu erwähnen wagten, wie es hier zuging, und manche nicht mal das, nur daß sie lebten, arbeiteten und in Ordnung seien.

Die Kaserne bildet ein großes Rechteck, drei Stockwerk hoch, mit überdachter Brüstung. Sie sieht wie ein altes Schloß aus.

Von den oberen Arkaden aus schaute eine Gruppe deutscher Offiziere und Unteroffiziere zu, des guten Ausblicks wegen und ohne zugleich selbst gesehen zu werden. Jeder der Offiziere gebot über eine der Mannschaften und setzte auf sie, in den einzelnen Runden auch auf die Endergebnisse mit Prämien, ganz wie beim Pferderennen. Sie setzten oft den halben oder den ganzen Sold, und ich habe mir sagen lassen, daß sie sich dafür sogar Geld liehen.

Ich suchte unter den Uniformen einen blauen Fliegermantel. Seit der deutsche Fliegeroffizier bei mir gewesen war, sah ich ihn nur, wenn er das Kasino verließ, oder auf dem Pferd, wenn er einen Spazierritt unter der Stadtmauer machte, und einmal sah ich ihn, als er die Halle der deutschen Kommandantur betrat.

Es spielten die *Elektriker* gegen die *Kleiderkammer.* Die *Kleiderkammer* gewann fünf zu zwei. Hatte einer der Besitzer eine hohe Summe gesetzt, die er nun verlor, dann hätte ich glatt auch gegen mich selbst setzen können, daß die Verteidigung, der Torwart und weiß Gott wer von der Reserve oder vom Sturm das nächste Mal eine Einberufung zum Transport in den Osten bekommen würden. Einige Offiziere gingen die Transportlisten aus Prag durch, um ehemalige Spieler des Hagibor auszusortieren; manche tun dies, wie im Falle eines Verteidigers der Vorkriegsmannschaft Polaban Nimburg, auch dann, wenn ein Osttransport nur durch Theresienstadt hindurchfährt.

Ludmila steht neben mir und schaut die kräftigen Beine der Spieler an und braucht nicht zu sprechen. Wir haben unter den Fußballern genügend Bekannte. Die Fußballer sind – im Unterschied zu Leuten, die sich dauernd nur erinnern, was sie waren, als könnten sie es dadurch weniger verloren machen – auch hier Stars erster Klasse.

Viele Leute haben hier entdeckt, daß es eine Menge Dinge gibt, die bei weitem nicht so wichtig waren, wie es schien, oder daß sie zumindest für viele von denen nicht mehr wichtig sind, von deren Beurteilung ihr Wert abhing.

Und Fußball ist etwas, das, wie jedes Spiel, von Regeln bestimmt wird, an die sich beide Parteien halten. Das gilt zumindest vom ersten Pfiff des Schiedsrichters bis zum letzten Pfeifen. Und die Schiedsrichter sind gleichsam Götter, jede ihrer Entscheidungen gilt – zumindest neunzig Minuten lang. Für viele ist der Fußball die letzte Religion.

Deswegen ist es dort bei jedem Spiel gerammelt voll, selbst wenn es dermaßen regnet wie heute. Es macht uns ebenso Spaß, alle strategischen und taktischen Tricks und

Kniffe zu bereden, die mit dem Fußball zusammenhängen, wie es uns Spaß macht zu besprechen, was wer wo gewesen sei, wie es ihn geprägt habe und was er jetzt mache. Das, was sie gewesen sind, ist genauso interessant an den Menschen wie das, was sie gerade sind, und die Richtung, die ihr künftiges Schicksal wohl nehmen mag.

Und wie uns das alles durcheinandergemischt hat, fast so, als ob Karten gemischt würden, oder wie bei einem Erdbeben, wenn alles, was war, zerstört ist und Menschen, die bislang nichts gemein hatten und sich nur von fern kannten, plötzlich all das tragen müssen, was früher als gemeinsames Schicksal bezeichnet wurde. Fußball ist wie eine Brücke aus der Vergangenheit, und wir können die einzelnen Spieler beobachten und abzuschätzen versuchen, was aus ihnen wird. Vielen Leuten ist Fußball das Risiko wert, und schließlich hält keiner damit hinter dem Berg zurück, wenn auch nur selten darüber gesprochen wird. Eine ernstere Verletzung, und der betroffene Spieler findet sich in einem Osttransport wieder; doch viele der Spieler hätten, wäre der Fußball nicht gewesen, die Reise schon längst hinter sich. Dreß, Schuhe, Springseil zurückgeben, und ab geht die Post.

Dabei wollen alle, buchstäblich alle, spielen, nicht nur, weil das Spiel eine Erinnerung ist an das, was gewesen ist, sondern auch etwas, das, wie jedes Spiel, das Beste aus dem macht, was jetzt ist, in diesem Moment. Ich wurde Zeuge einiger sehr scharfer Auseinandersetzungen darum, wer aufgestellt werden und wer auf der Reservebank sitzen sollte. Niemand will ausgelassen werden, weil niemand sicher sein kann, daß er bis zum nächsten Wettkampf hierbleibt.

10. November. Ein Glas Erdbeermarmelade. Dreimal. Ein Fuchspelz, von einem Herrenmantel abgetrennt. Eine Petroleumlampe mit Spiegel und einem Haken, an dem ich sie an den Nagel in der Wand hängen kann.

Herr L. blieb die Nacht bei mir. Er erzählte mir von Kormoranen, denen Fischer in China angeblich eiserne Halsbinden an die Kehle hängen, damit sie Fische zwar fangen, aber nicht verschlingen können.

Am Morgen fragte mich Ludmila: »Willst du behaupten, daß es dir Spaß macht, ihn zu küssen, wohin er möchte?«

Und dann, ob es wirklich Tausende lebender, mikroskopisch kleiner Tierchen seien, die zu einer einzigen Masse verschmölzen, oder ob es wie Lebertran schmecke.

»Es ist lebendig, wie etwa das Blut lebendig ist«, bemühte ich mich.

Dann begann ich zu lachen: »Jeder kann es ja probieren, wenn es ihn so interessiert.«

Dann erzählte sie mir, was ihr der Doktor H. aus Amsterdam anvertraut habe. Viele von den Leuten aus sämtlichen einundzwanzig Ländern, die herkämen, seien nicht in jeder Hinsicht in Ordnung. Was die relativ hohe Anzahl Degenerierter mit entsprechenden Papieren angehe, so müsse das – überraschenderweise – alles in allem nicht immer von Schaden sein. Einigen Kindern könne man zum Beispiel die Finger und Knochen brechen, ohne daß sie dabei Schmerzen hätten.

Eine dieser Krankheiten mache sich dadurch bemerkbar, daß die Kinder wie kleine, verfrorene Vögelchen aussähen. Bis zum dritten Lebensjahr gingen sie zugrunde. Und der Tod tue ihnen angeblich überhaupt nicht weh. Das muß ein idealer Tod sein, völlig schmerzlos, so als würde man einschlafen, sagte Lída. Aber das sei nicht der einzige Vorteil – die restlichen Vorteile, die wir durch unsere degenerierten Artgenossen hätten, bestünden darin, daß die Schwächsten und geistig Lahmsten ausgesondert würden und daß wir als Ganzes nicht nur stärker aussähen, sondern auch stärker seien. Angesichts dessen, daß man nur deshalb erblinden oder erlahmen kann, weil einer in der Familie so was hatte, der dann vielleicht, ohne davon zu wissen, wieder jemanden aus einer ähnlichen Familie heiratete, kann mich ein derartiger Trost nicht gerade begeistern.

Herrn L.s Frau und Kinder wurden in den Osten transportiert, ohne daß er in der Zentralevidenz, zu der er Zugang hatte, ihre Registrierkarten hätte austauschen können, wie er das für mich tut, wenn Transporte zusammengestellt und einberufen werden; wer weiß, wie lange er es noch wird machen können und wann ihm die Lust dazu vergeht.

Natürlich würde er, wenn jemand vom Ältestenrat dahinterkäme, zur Strafe im nächsten Transport landen; doch er weiß genau, daß jeder, der einen Schlüssel zur Evidenz und zwei Hände hat und dessen Nerven so gut wie sein Magen sind, das gleiche macht. Herr L. sagt, daß die Gefahr ebenso schön wie die Sünde sei.

Meistens genügt es, für die entscheidenden vierundzwanzig oder sechsunddreißig Stunden, in denen ein Transport zusammengestellt und einberufen wird, meine Karte herauszunehmen und sie manchmal weitere zwölf oder vierundzwanzig Stunden, bevor er abfährt, zurückzuhalten. In einer Hinsicht ist er wie ich: Er hat es nicht gern, wenn ich ihm mehr als einmal danke, als hätte er mir das Leben gerettet, denn es kostet immer das Leben eines anderen. Es ist wie eine Anleihe, die keiner von uns zurückzahlen kann. Auch wenn wir zum Glück die Menschen auf den Ersatzkarten nicht kennen; ich, weil ich sie nie zu Gesicht bekomme, und Herr L., weil er sie sicherheitshalber gar nicht anschaut. Es ist wie das russische Roulett, von dem er mir mal erzählt hat. Wir hatten beide insofern Glück, als man nie dahinterkam und wir keinen der Namen erfuhren, auch nachträglich nicht, was die Hinterbliebenen betraf. Wo aber, wie im Falle seiner Familie, Herr L. keinen Finger rühren konnte, ließ er sie fahren.

Ich sah ihn an jenem Tag und den Tag darauf, sah, was für ein Gesicht er machte, als wäre nichts geschehen, als würde einer nur auf die Straße gehen, wo unverhofft strenger Frost und Sturm herrschten. Er war zwar ernst und schweigsam, aber schweigsam eben wie einer, dessen Gesicht im Frost erstarrt, die Lippen und alles, und selbst wenn er reden wollte, würde nur etwas Unförmiges herauskommen, wie bei Erfrorenen, die reden.

Wenn Herr L. bekommt, was er wollte, erzählt er mir von ihnen, als wäre es die einzige Möglichkeit für ihn, sie sich zu vergegenwärtigen; ich glaube, daß er es zu schätzen weiß, wenn ich ihm zuhöre und mich für Kleinigkeiten interessiere, die aus der räumlichen und zeitlichen Ferne viel wichtiger und näher erscheinen als die im Gegensatz dazu bedeutenden Dinge, die plötzlich weniger wert sind als alter Schnee. Und mit einem Mal kommt es mir nicht mehr komisch vor, daß jemand, den ich nie im Leben gesehen habe, der vielleicht nicht mehr am Leben ist, plötzlich für mich zu existieren beginnt, ohne selbst die geringste Ahnung davon zu haben.

Er war an beiden Tagen bei mir, und ich hatte den Eindruck, er würde schmelzen. Er sah mich an, als wäre ich nackt, obwohl ich angezogen war, weil es im Speicher nachts kalt ist.

Herr L. erzählte mir, daß seine Frau, bevor sie Prag verlassen hatte, an der Brust operiert wurde. Ich fragte ihn, wie so etwas aussehe. Er fuhr mit dem Zeigefinger über den Brustkorb, in einer sehr zarten Weise, und zeigte mir, daß dort, wo der Busen den Brustkorb berühre, ein feiner, überaus feiner Faden sei, die Operationsnarbe, und je teurer und geschickter der Arzt, um so schmaler sei dieser absonderliche Pfad.

Morgens. Zweimal. Ein Nudelholz. Viermal. Ein Glas mit Senf. Eine Glühbirne. Zehn Mark, die ich jederzeit eintauschen kann.

10. November. Einmal. Ein Becher Kunsthonig. Zwölf Mark.

»Es gibt drei Sorten Mensch, wenn man es sich einfach macht und mit kleinlichen Abweichungen keine Zeit verlieren will«, sagte Herr L. wie immer fast zur Begrüßung. »Zunächst sind es die Schiedsrichter, die wollen, daß ihre Wahrheit für alle verbindlich sei, ohne Widerrede. Und jede Widerrede erschwert einem das Leben. Die anderen fahren los und segeln zu den Küsten Indiens und entdecken Amerika. Sie wissen genau, daß die Welt schon längst existiert, wollen aber beweisen, daß es wahr ist, immer wieder, um es mit ihrer Wenigkeit zu verknüpfen. Und Napoleon ist nie der Gedanke gekommen, Frankreich enttäuscht zu haben. Immer hat Frankreich Napoleon enttäuscht.«

»Das letzte Mal haben Sie es etwas anders gesagt«, gab ich zur Antwort.

»Es ist jedes Mal anders.«

Abends. Dreimal. Mir tat der Bauch weh. Eine Schachtel Streichhölzer. Ein Flugpostkuvert. Fünfzig Gramm Zuckergelee.

Nachdem Herr L. gegangen war, fiel mir ein, wie es zwischen Mann und Frau ist. Die Männer langweilen sich, wenn sie ohne Frauen sind, und dann langweilen sie sich, wenn sie mit Frauen sind. Daß sich Männer und Frauen gegenseitig anziehen, enthält auch schon die Quelle der Verdrießlichkeit. Das gilt für Männer und Frauen gleich, aber es gilt nicht gleich für Frauen und Männer. Herr L. ist nicht der einzige, der es meistens nur so haben will, wie er angedeutet hatte, daß er es haben wolle. Genaugenommen ist auch Ludmila, wenn auch anders herum oder auf den Kopf gestellt, ganz besessen davon.

Der alte O. erzählte mir von Afrika in Zeiten der Trockenheit und des Hungers. Er lag wie ein Lämmchen neben mir, von Kopf bis Fuß angezogen, ohne daß er mich berührt hätte. Er berührte mich nur mit seinen Augen. In seinem Kopf und seinem Herzen müssen sich unbegreifliche Dinge abspielen, und ich weiß, daß ich ein Bestandteil davon bin. Vermittle ich ihm die Nähe all jener Frauen, die er geliebt, verraten und verlassen hat und die ihn verraten und verlassen haben? Was ist mit ihm passiert? Warum ist er so allein geblieben, oder warum spricht er nie davon und erzählt mir statt dessen von geheimnisvollen Reisen quer durch den afrikanischen Kontinent und schaut mich an, als würde er in mir all jene vergangenen Frauen sehen, doch Frauen nicht nur im Sinne von Geliebten, sondern auch Frauen, die er zu malen pflegte, als er noch keine verbrannten Finger hatte. Auch der alte O. schaut auf meinen Mund, und ich kann nur raten, was ihm alles in den Sinn kommt, und er schaut auf meine Augen und Wangen, Stirn, Haare und Beine.

»Warum haben Sie nie Kinder gehabt?« fragte ich ihn.

»Sie würden mich dafür hassen, daß ich ihnen zum Leben in einer Welt verholfen hätte, die ist, wie sie ist«, antwortete er und lächelte.

»Das ist nicht wahr. Kinder beschuldigen ihre Eltern nicht wegen einer Sache, für die ihre Eltern nichts können. Mir ist nie der Gedanke gekommen, meinen Vater dafür zu beschuldigen, daß es einen Hitler gibt.«

Er lag die ganze Nacht neben mir. Ich hatte nicht mal Lust, ihn zu berühren. Viele Dinge gingen mir durch den Kopf. Dann stellte ich mir vor, ich sei so alt wie der alte O. Und zum Schluß stellte ich mir vor, wie hungernde Giraffen den Fluß Niger überquerten.

Herr L. brachte mir Nachrichten über die Kämpfe an der Front und ließ mir eine Liste mit Urteilen hier, die von den Gerichtsbeamten der jüdischen Selbstverwaltung zur Genehmigung vorgelegt worden waren. Rosa Hirsch bekam zehn Tage, weil sie ein Mittagessen gegen Vorlage einer gefundenen Lebensmittelkarte einlösen wollte, und Felix Wolf bekam vierzehn Tage, weil er eine Lebensmittelkarte gefälscht und ein Mittagessen mehr eingelöst und gegessen hatte. Herr Abel Schulhof bekam drei Wochen, weil er einigen Leuten vom Altersheim unter dem falschen Versprechen, ihnen etwas Besseres zu besorgen, das nicht derartige Schwierigkeiten mache, ihr Essen abspenstig gemacht hatte. Mancie Breier darf sich vierzehn Tage lang ausruhen für fünfzehn Kilo gestohlener Kartoffeln, und Elisa Severín wird drei Monate im Kühlen verbringen, weil sie bei der Post ein Päckchen gestohlen hat. Jonas De Vries nahm am Bahnhof ein Brett mit und hat nun zwei Tage Kerker. Und die Kapelle sucht einen Trompeter. Es würde mich wundern, wenn sie noch keinen gefunden hätte.

Gestern wollte Ludmila von mir wissen, ob es wahr sei, daß Harýček Geduld ein Kommunist ist.

»Du, das weiß ich nicht einmal«, antwortete ich. »Wer glaubt schon nicht auch an etwas anderes als nur an Frühling, Sommer, Herbst und Winter?« lächelte ich. Mir fiel auch ein, daß Haryk Geduld manchmal so tat, als wüßten – gleichsam geheim – nur er und seine Sekte noch etwas, das sonst niemand mehr wisse.

Wenn ich mich richtig erinnere, ärgerte es meinen Papa immer, wenn ihm jemand etwas versprechen wollte, das allenfalls ein paar Wochen oder Monate wahr bleiben konnte, und auch das nur, wenn man Glück hatte.

»In ihm ist so viel Arroganz wie in einem Luftballon, bevor er platzt«, sagte Lída, als wüßte sie, woran ich dachte. »Er glaubt, daß er sich nur deshalb von den anderen unterscheidet, weil er andere Ansichten hat. Als hätte er nicht die gleiche Nase zwischen den Augen wie sie, zwei Arme, einen Körper und zwei Beine. Als litten die anderen alle an einem unsichtbaren Aussatz.«

»Einer der Kommunisten hat, soviel ich weiß, drei Zuteilungen Brot und Zucker für ein Russischlehrbuch eingetauscht«, sagte ich. »Wahrscheinlich glaubt er, daß jede Turmuhr außer dem Morgen, dem Mittag und dem Abend auch noch die Morgen- und Abenddämmerung ankündigen sollte, was weiß ich.«

»Willst du sagen, das sind Irre? Es sollte mich wundern, wenn auch Harýček Geduld zu so was fähig wäre. Ich werde aufpassen, wann es bei ihm verraucht ist. Man sollte es danach bemessen, wieviel Mut einer noch hat, das würde mir genügen«, sagte Ludmila etwas traurig. Dann sagte sie: »Manchen genügt es, sich hinter so einem Gedanken zu verschanzen. Wie bei den Irren. Mir würde es genügen, wenn ich mit aller Gewißheit, dafür aber unentwegt, also am Morgen, mittags und abends wüßte, was für mich wichtig ist und was nicht, und was überhaupt wichtig ist und was nicht, wenn du verstehst, was ich meine. Denn sonst ist ja alles lächerlich. Ein Mensch kann froh sein, wenn er am Turm die Uhr schlagen hört und eine Vorstellung davon hat, wie spät es ist und ob es Zeit zum Essen oder zum Schlafen ist.«

»Ich weiß nicht«, sagte ich. »All diejenigen, die von irgendeinem Gedanken besessen sind, sind fähig, jeden zu opfern, vor allem aber die, die mit ihnen nicht einverstanden sind. Von Herrn L. weiß ich, daß es nach Meinung der führenden Zionisten am wichtigsten ist, der künftigen verheißenen Heimat möglichst viele junge Leute zu bewahren, die auch nach dem Krieg noch in der Lage sind, eine Hacke und eine Schaufel in der Hand zu halten, und deren Wille groß genug ist, eine Wüste umzugraben und Wasser in den Felsen zu suchen. So fahren statt der Jungen die Älteren und die Ältesten und können höchstens nur vorwurfsvolle Augen machen. Und die Kommunisten wiederum glauben, daß die künftige Revolution es zu rechtfertigen vermag, wenn sie statt ihrer selbst all diejenigen in den Osten gehen lassen, die noch außerhalb stehen. Denn wer sollte sonst so eine Revolution durchführen?«

»Ist es am Ende für die Alten oder die Schwachen und Müden nicht wirklich besser, sich in einen Zug in den Osten zu setzen und das Ganze hinter sich zu bringen, bevor es einen völlig zu Tode schleift?« fragte Ludmila.

»Soviel ich weiß, rufen die vor jeder Revolution eine Sitzung ein, so daß keiner Angst haben muß, daß sie besonders schnell kommen würde.«

Ich bot ihr etwas an von dem, was ich dahatte. Ludmila schämte sich, sofort zu essen, als würde die Zeit, die sie dazu brauchte, etwas bedeuten.

Einmal. Ein Gläschen Aspirin. Fünfzig Mark. Zwei Frottierhandtücher. Eine Uhr.

Abends kam Ludmila K. wieder, und ich fragte sie, ob der Harýček Geduld ihr immer noch soviel Kopfzerbrechen bereite. Sie war weder nervös noch erbost darüber, daß ich sie so lange unten warten ließ.

Ich schenkte ihr eine Sammlung rabbinischer Weisheiten, die ich gerade bekommen hatte und die mich sowieso nicht besonders reizte. Übrigens bezweifle ich, daß sich Ludmila in absehbarer Zeit damit beschäftigen könnte.

Sie sprach über einen deutschen Dichter, der angeblich was mit einer Henkerstochter hatte, und ich fragte mich, warum sie darüber sprach, als wolle sie mir noch etwas anderes sagen. Ich wollte von ihr wissen, ob sie mit einem Henkerssohn was haben könnte, wenn es darauf ankäme.

Aber weit mehr als um das, was Harýček über die Zerstörung der Welt denkt – übrigens etwas, worum er sich gar nicht so zu kümmern braucht, weil das auf die unterschiedlichste Art schon so viele andere besorgen –, ging es ihr um die Summe seiner Erfahrungen, über die er mit mir gesprochen hatte.

Er hatte, als er noch kleiner war und noch ehe er Prag verlassen sollte, eine seiner Tanten besucht. Dort blieb er über Nacht. Er hatte die verschiedensten Träume von Frauen und Mädchen, die in seiner Straße wohnten. Plötzlich spürte er eine Nervosität, wie er sie bis dahin noch nie verspürt hatte. Irgend etwas hatte ihn aufgeschreckt, und er hätte keineswegs sagen können, was es war. Aber das, was ihn so aufgescheucht hatte, war auch recht angenehm. Nach dem Aufwachen spürte er Feuchtigkeit in seinem Schoß. Keiner hatte ihm bis dahin gesagt, was passieren könne und daß es ganz von selbst komme. Schließlich kam er dahinter, natürlich. Es war seltsam, und angenehm, und tat etwas weh. In einem Arztbuch der Tante las er nach, daß es bei einem Jüngling oder jungen Mann das erste Mal mit einem kleinen Schmerz verbunden sei, weil dieser sich »neu geöffnet habe«.

»Das klingt hübsch, daß er sich ›neu geöffnet habe‹«, sagte Ludmila. »Stand dort auch geschrieben, daß eine Frau mit einem Mann beisammensein müsse, wenn sie schwanger werden will?«

Sie war angenehm überrascht von der Tatsache, daß beim ersten Mal auch der Körper eines Jünglings, genau wie der einer Frau, Schmerzen zu erleiden hat. Aber sie mußte sich eingestehen, daß es kein weiß Gott wie großer Schmerz, daß es nur ein Schreck ist und der Rest ein abklingender Schmerz, ein langsam nachhallendes Echo. Und sie dachte bei sich, daß es Lust und Schmerz in einem seien, wie zwei Geschwister. Und als sie noch bedachte, daß auch die Judenjungen meistens bluten mußten, wenn man ihnen nach einem alten Ritual acht Tage nach ihrer Geburt ein Stück Haut entfernt, wich, weiß Gott warum, die Angst ein wenig von ihr, die sie vor ihrem eigenen Körper hatte.

»Alles, was gut oder besser als völlig verdorben in mir ist, verdanke ich meiner Mutter«, sagte Lída. »Etwa, daß ich gesund bin, obwohl sie schon aller Wahrscheinlichkeit nach tot ist. Und daß es immer stärker wird, seit sie weggefahren ist. Ich fürchte allerdings, daß es einmal so stark wird, daß ich damit nicht mehr fertig werde.«

Dann dachte sie an Geduld und sagte: »Die Kinder der Reichen sollten bescheidener sein als die Kinder der Armen. Sie müßten doch wissen, daß man für jede Ungerechtigkeit irgendwie zahlen muß, glaubst du nicht?«

»Auch hier?«

»Gerade auch hier«, antwortete Ludmila.

»Aber warum sollten für jede Ungerechtigkeit die Kinder bezahlen müssen?« wollte ich wissen.

Dann schauten Ludmila und ich von der Dachluke meiner Mansarde aus zu, wie die Jungs vom Institut für Schwererziehbare Leute, die gerade aus Kopenhagen, Berlin und aus Amsterdam kamen, ihr Handgepäck stahlen. Lída kam sich dabei allsehend vor. Menschen, die gerade angekommen und in den meisten Fällen der deutschen Behandlung zum ersten Mal unterzogen worden sind, legen alle Vorsicht ab in der Überzeugung, all das behalten zu dürfen, was ihnen die Nazis vor dem Transport und unterwegs nicht abgenommen haben. So als sei all das, was sie bisher durch deutsche Beamte und Soldaten erdulden mußten, nur etwas Außerordentliches und Einmaliges gewesen, fühlen sie sich nach ihrer Ankunft, von jüdischen Beamten und Polizisten umgeben, außerhalb jeder Gefahr. Das ist der Moment, wo ihnen die hiesigen Leute alles stehlen, worauf die Besitzer nicht gerade ihre Hand halten oder was sie sich nicht ans Handgelenk gebunden haben. Für die verwegensten Jungs aus dem Institut ist das Aussehen der Koffer entscheidend, als würde das Aussehen des Gepäcks zugleich auch seinen Inhalt bestimmen. Zum Transport nach Osten würde ich nie meinen besten Koffer mitnehmen, wiederholte ich mir jedesmal. Die vorsichtigeren Diebe stehlen Koffer und Köfferchen, die dem Ausgang am nächsten sind. Handelt es sich um Transporte von älteren Leuten, genügt es, direkt hinzugehen und den Koffer zu erbitten, denn es finden sich viele, die meinen, es handle sich um Träger wie auf irgendeinem Bahnhof. Wir, Ludmila und ich, versuchen anhand der Koffer zu schätzen, wann der Besitzer oder die Besitzerin sie lossein würden.

Wir sehen, wie, in der zweiten Etappe, einige der Jungs mit ihrer Beute in den Häusern der nächsten Straße verschwinden und dann durch die Hofdurchgänge schreiten, als gehöre das Gepäck von jeher ihnen, geradezu langsam schreiten, auch wenn sie innerlich zittern, da sie wissen möchten, was sich darin befindet und was sie brauchen können. Letztlich interessiert es keinen, wem das Gepäck gehört. Wenn einer das Wer, Was und Wie weiß, folgen die Für und Wider wie ein Schatten. Und Fragen sind immer unbequem.

An den Registriertischen, wo eine Art Zollkontrolle durchgeführt wird, damit keine Schmuggelware hereinkommt, Tabak, Alkohol, Schmuck und Währungen jeder Art, entdecken die Betroffenen zum ersten Mal, was geschehen ist. Statt ihres Koffers erhalten sie eine Evidenznummer und eine Karte. Und im gleichen Moment, da sie meinen, das Schlimmste hinter sich zu haben, kommen sie um den Rest ihrer Habe und stehen so überrascht da, als habe ihnen jemand die Kleider ausgezogen. Einige versteinern, als würden sie ihren eigenen Augen nicht trauen. Andere weinen.

»Einmal hat mir Herr L. gesagt, daß die Wölfe die Hunde zwar nicht fürchten, aber ihr Gebell nicht mögen«, sagte ich.

Wir gingen das Irrenhaus besuchen. Da gehen ich und Lída am liebsten hin. Eine von Lídas Bekannten ist dort. Melisa F. Sie ist aus Griechenland nach Theresienstadt gekommen, weil ihre Mama eine Jüdin aus Mährisch Ostrau ist. Ihrem Papa hat dort eine Verkehrsgesellschaft mit zwei Autobussen und zwölf Taxis gehört. Den Papa traf der Schlag, als man ihm in der hiesigen Quarantäne die Koffer stahl, und die Mama wurde dann in einer anderen Kaserne als Melisa einquartiert.

Melisas Mama war die schönste Frau, die wir je gesehen hatten. Sie wurde, unmittelbar nachdem die Asche ihres Gatten im hiesigen Kolumbarium eingeliefert worden war, abtransportiert, und Melisa wurde verrückt.

Ich habe schon ein paarmal feststellen können, daß man mit Melisa normal sprechen kann. Auch sie ist bildhübsch, wirkt aber grundlos verschreckt, und sie schaut entsprechend umher. Einmal hatte sie Essensreste an den Lippen. Ich konnte lange nicht verstehen, warum sie sich in einem Institut für Geisteskranke befindet, bis ich mal versuchte, ihr die Hand zu geben. Niemand darf sie berühren.

Sie hat uns wieder erzählt, wie verlassen sie sich fühle, auch unter Menschen. Und wie sie sich wünsche, zu heiraten und Kinder zu haben. Lída – die sie ja sehr gern hat – sagt, sie tue nur so, als möge sie die Menschen nicht. Womöglich mag sie nicht einmal sich selbst.

Ich hatte den Eindruck, als wären wir in Melisas Augen vielleicht irgendein Haus mit Garten, im Garten eine Wiege mit einem Kind, das sie an die Brust nimmt und ihm zu trinken gibt. Und dann hörte sie auf, uns zu beachten, und schaute gleichsam durch uns hindurch, als würde sie jemandem entgegenschauen, der gerade kam. Vermutlich sprach sie durch uns zu ihrem Ehemann. Sie benahm sich, als wäre jemand ganz nah an sie herangetreten, den sie umarmte, auf die Lippen küßte, und am Ende schien sie sich an ihn zu drücken.

Dann schaute sie ihre Arme an, als hielte sie ein Baby darin. Sie öffnete ihre Lippen. Vielleicht sprach sie mit jemandem darüber, wieviel das Baby zugenommen habe. Und womit sie es füttere, wie sie es wickle. Dann berührte sie sich mit der Hand, wie es Mütter tun, wenn sie sich überzeugen wollen, wieviel Milch sie haben. Sie lächelte selig. Es war ein zärtliches Lächeln, wie wenn der Wind geht und durch das Blattwerk raschelt. Melisas Augen leuchteten auf wie zwei Spiegel, die das Lächeln eines Kindes wiedergeben, eines Kindes, das es hier nirgends gab.

Lída schlug ihre Hände vor den Mund. Und Melisa hörte nicht auf zu lächeln, als würde sie eine Stimme hören, die ihr sagte, daß sie einen Grund zum Lächeln habe, wie alle Frauen, die glücklich seien.

Als wir fortgingen, sagte uns der Arzt, daß Melisa mit dem morgigen Transport nach Osten fahre, gemeinsam mit zweitausend anderen Geisteskranken.

»Jemand setzt sich etwas in den Kopf und erklärt, daß am Montag die Zigeuner auszumerzen seien, am Dienstag die Juden, am Mittwoch die Zulukaffern und am Donnerstag die Amerikaner. Und weder mir noch dir macht es noch etwas aus, weil das zum Lauf der Dinge gehört, so wie die Erde sich dreht, die Sonne auf- und wieder untergeht«, sagte Lída.

Und dann sagte sie: »Immer, wenn ich so eine Nachricht höre, schaue ich zuerst um mich, wie weit weg von mir es stattfindet, und erst dann kommt das andere.«

Schließlich fragte sie, so als wäre sie vielleicht wirklich interessiert daran, was ich ihr antworte: »Früher dachte ich, daß es vielleicht gar nicht möglich sei, alle Menschen einer Sorte, wie etwa die Zigeuner, die Juden oder irgendwelche anderen

Gruppen auszurotten, oder auch die jugoslawischen Gottscheewer, die bei uns in Prag durch die Straßen gingen, den Bauchladen um den Hals gehängt, und für einen Fünfer Kämme, Messer, Präservative und das billigste Parfum verkauften, das mir je unter die Augen kam.«

Ich wußte genau, daß sie etwas anderes anvisierte, und dann sagte sie endlich, daß sie einen Traum gehabt habe, in dem sie in meiner Mansarde auf meiner Matratze gelegen und irgendwer zu ihr gekommen sei und von ihr gewollt habe, was man meistens von mir wolle. Mir fiel ein, wie es sie wohl beschäftigt haben muß, daß mein Strohsack meistens dicker gestopft ist als der ihre. Ich wechsele meinen auch nicht so oft wie Ludmila den ihren. Mein Strohsack hat annehmbare Maße und die richtige Höhe. Und vor allem stinkt er nicht so nach Ammoniak wie die meisten der hiesigen Strohsäcke.

»Hast du nie Angst, daß du davon krank wirst?« fragte Lída schließlich.

»Bis jetzt bin ich weder krank geworden noch gestorben«, antwortete ich.

»Aber was, wenn du einen Krampf bekommst oder mitten drin vor etwas erschrickst?« sagte sie. »Ich kriege es mit der Angst, wenn ich daran denke, daß Zähne dabei sind.«

Aber auch das war nicht genau das, was Lída hören wollte. Manchmal macht es mir Spaß, sie zu erschrecken oder abzustoßen, als wüßte ich, daß sich ihr Magen heben müsse. Schon mal habe ich ihr gesagt, daß es nur widerspiegle, wie einsam ich mich fühle. Wirklich Angst macht es Ludmila, daß sie vielleicht in den Osten fahren würde, ohne es je anders kennengelernt zu haben als aus dem, was sie von mir erfährt. Oder daß im Menschen vom Anfang bis zum Ende alles vorgegeben ist, als sei schon im Säugling der alte Mensch enthalten, im Kind das Mädchen oder der junge Mann und in jeder Lebensregung ein Vorzeichen des Todes. Aber das Vorgegebensein bedeutet noch nicht, daß der Mensch auch alles erlebt. Ich weiß selbst, wie viele Dinge es gibt, die man haben möchte und nie erreichen kann, wie viele Dinge es gibt, die man verstehen möchte und nie begreifen wird. Es ist, als wolle Ludmila durch eine Menge anderer Worte sagen: »Ich bin unschuldig, aber ich will es nicht haben.«

Nie hatte ich ihr gesagt, wie es wirklich ist, das heißt, daß es immer das gleiche und zugleich immer etwas anderes sei. Soll ich ihr denn erzählen, wie es ist, wenn ich nichts zu frühstükken habe, oder wie es, im Gegenteil, ist, wenn ich satt bin? Wie man spürt, daß es wie ein fremdes, aber irgendwie auch bekanntes Leben an einen herankommt, als würde das gestaute Blut gegen einen anrennen, als würde all das, auch der Mund und die Zunge und die Zähne, sein eigenes Leben leben? Oder daß ich manchmal einen geschwollenen Mund habe?

Nur ist es manchmal süßer und sauberer, wenn ich mir sagen kann, daß es nur das sei, was ich selber will.

Oder soll ich ihr erzählen, daß ich mir für den Bruchteil einer Sekunde vorstelle, ein Mann zu sein und zu wollen, daß es mir ebenso gut tue, daß ich ebenso fest sei, und wie angenehm es für mich wohl wäre, wenn jemand auf diese Art und Weise mit mir sein könnte?

»Wir sind noch jung«, sagt Ludmila, »ich will noch nicht sterben.«

»Du weißt selbst, wie oft man sich einen Strick dreht, um sich aufzuhängen, und dann trocknet man die gewaschenen Unterhosen darauf«, sagte ich.

»Oder wenigstens nicht schon sterben müssen, bevor ich alles erlebt habe, was ein Mensch erleben soll«, sagte Lída.

»Wahrscheinlich ist es so, daß man für seinen Mut genauso bezahlen muß wie für seine Angst. Und mit der Enthaltsamkeit ist es vielleicht nicht anders als mit dem, was man sich zu gönnen wagt.«

»Ich bin noch Jungfrau«, sagte Ludmila.

»Sei froh, daß dich noch keiner vergewaltigt hat.«

»Ich hatte mal einen Traum, wo es passierte. Eigentlich weiß ich aber nicht genau, was nun passiert ist.«

»Wir leben auf alle Fälle beide viel zu schnell«, sagte ich.
»Ich verstehe alle Kinder, die nicht geboren werden«, sagte Ludmila. Dann sagte sie, ich sei von Geburt aus schön genug, um mit meinem Körper zu machen, was ich wolle. »Aber ich will deswegen nicht auf der Straße heulen«, fügte sie hinzu.

Einmal wollte mir Lída erklären, wo es bei ihr herkomme. Sie fühle, wie es über sie herfalle, so als wäre es irgendein greifbarer Schatten. Sie wisse nie, woher es komme. Und in den letzten Wochen überkomme es sie immer öfter. Ein schaler Geschmack im Mund, ein Gefühl, als würde alles sterben und enden, irgendwie verlangsamt, aber unausweichlich. Und wenn man auch wisse, man werde, falls man sich bewegt, davonkommen – man bewege sich nicht. Als wäre alles ein Raum ohne Fenster und Türen.

»Was hast du geträumt?« fragte ich.

Und dann: »War es ein Deutscher?«

»Vielleicht war es ein Deutscher«, antwortete Ludmila. »Ich habe dann versucht, es mir nochmal vorzustellen. Den Aufschrei, das Grauen, die Bewegung der Hände zum Schoß hin und den Ohnmachtsansfall. Ich bin mit dem Maler gefahren, dem man in der Kleinen Festung die Finger verkrüppelt hat. Aber du warst nicht mehr hier. Du fuhrst in dem gleichen Waggon ab, mit dem zuvor Milena gefahren ist. Und so haben wir entdeckt, daß es immer die gleichen Waggons sind, die in den Osten fahren und wieder zurück und noch und noch.« Dann sagte sie, daß sie mit dem Mund zurückgezuckt sei, weil sie an dem Blut nicht ersticken wollte.

»Du bist verrückt«, sagte ich. »Du würdest das nie machen.«

»Vielleicht fürchte ich das Leben, nicht den Tod«, sagte Ludmila.

»Du würdest doch sicher nicht wollen, daß deinetwegen einer verblutet«, sagte ich.

12. November. Einmal. Ein Becher hausgemachten Karamels.

Zweimal. Ein Suppenwürfel. Eine Seife. Am Abend fünfmal. Ein Bleistift. Eine rohe Gurke. Ein Brieföffner, scharf wie ein Messer.

13. November. Sechsmal. Zweihundert Gramm schwarzes Roggenbrot. Eine Pfundpackung Grobmehl. Kümmel. Salz. Fünfundzwanzig Gramm Margarine. Hundert Gramm Puderzucker.

14. November. Mir träumte wieder von dem deutschen Fliegeroffizier. Es war, als hätte ich es beinahe herbeigewünscht, daß mir von ihm träumte. Ich beneidete Ludmila um ihre Träume. Oder es war etwas anderes.

Er tauchte bei mir am Speicher zwischen dem Treppenhaus und der Tür auf, die ich hatte offenstehen lassen, bis jemand kam. Er war elegant, verfroren und rot im Gesicht, hatte einen blauen Tuchmantel an mit einem breiten Gürtel, und mit der Hand hielt er seinen Luftwaffendegen fest.

Es dauerte eine Zeit, bis er die Mütze abnahm. Er hat blondes, nahezu weißes Platinhaar, fein wie bei einer Frau, blaue, intelligente, für meinen Geschmack etwas zu kalte Augen und sehr scharf geschnittene Gesichtszüge. Er ist hochgewachsen und schlank. Bewegen tut er sich völlig ungezwungen, ohne Hast, als wäre er schon seit seiner Kindheit daran gewöhnt, Befehle auszuteilen und Wünsche zu äußern, ohne einen Widerspruch zu erwarten.

»Komm näher«, sagte er. »Perla Sch.?« Und er sieht mich an, als würde er sagen: »Eine Judennutte. Wer hätte das gedacht. Eine Judennutte.«

Ich weiß genau, was er will, daß ich ihm beim Ausziehen helfe oder, genauer gesagt, daß ich nicht mehr will, als daß er mir behilflich sei beim Ablegen seines Mantels, und dann will er schon, daß ich mich um ihn kümmere, vom Anfang bis zum Ende.

Außer den Nummern mußten sich alle Frauen den Vornamen Sara geben und die Männer den Namen Israel.

Ich hatte schon einmal so lange auf ihn gewartet, und dann sah ich, daß er vom deutschen Kasino her eine Abkürzung durch den Park nahm, wo unsere Leute nicht hindürfen und von wo wundervolle Tanzmusik herüberklingt. Später sagte er mir, daß es Kompositionen von Peter Kreuder seien, daß es aber immer noch eine Musik voller fremdartiger Elemente sei. Er deutete an, wer dies auf dem Gewissen habe. Und so zerbreche er sich den Kopf darüber, wie es kommt, daß Menschen, die seiner Ansicht nach die ganze Geschichte verschachert hätten und – wie irgendwer mal gesagt habe – weder leben noch sterben könnten, dahinsiechend wie ein alter, kranker Mann, daß Menschen, obwohl es sie nicht mehr gäbe, noch immer einen derartigen Einfluß auf die Musik, Literatur und Justiz ausüben könnten.

Ich weiß, daß viele jüdische Mädchen oder Jungen davon träumen, Bekannte bei der Gestapo zu haben oder selbst bei der Gestapo zu sein, Offiziere, Kommandanten, deutsche Uniformen zu tragen, gute Schuhe und warme Tuchmäntel, Lederhandschuhe von echten Robben oder echten Hamstern und Kaninchen. Mir träumte oft, ich sei eine der deutschen *Schnapphennen*, die im Getto Raubkontrollen durchführen und dabei stehlen, was sie in die Finger kriegen, selbst wenn es jüdisches Eigentum ist, und finden sie mal Geld, so habe ich noch nie gesehen oder gehört, daß irgendeine der *Schnapphennen* sich davor geekelt hätte. Aber ich war eine anständige *Schnapphenne.* Nie habe ich jemandem etwas genommen. Ich schaute mir die Sachen von alten Jüdinnen oder Kindern an, die hilfloser sind als Leute wie ich oder Erwachsene, die arbeiten und Zusatzmarken bekommen, so daß ihnen der Magen nicht von früh bis spät und von spät bis früh zu knurren braucht, und solange ich ihnen meine Brotzeit nicht geben konnte, nahm ich ihnen auch nie etwas weg. Sie beschenkten mich dafür mit Blicken, die dankbarer waren als die bei Greta Garbo im Grandhotel, als wir noch ins Kino gehen durften, um die besten amerikanischen Filme zu sehen. Ich versuchte abzuschätzen, welchen Unterschied es gab zwischen eine Jüdin sein oder eine Deutsche. Mir fiel ein, wie sie sich wohl verhalten würde, wenn sie als Deutsche auf die Welt gekommen wäre.

Er fragte mich, fast schon wie Ludmila, wie es schmecke. Er war nicht der erste Mann, der es so gewollt hatte und dann fragte, wie es schmecke. Ich deutete ihm an, daß es fast jenseits allen Geschmacks sei, daß es etwas ganz anderes sei, und außerdem sei es jedes Mal anders. Dann erzählte er mir von einem der Rasseninstitute, für die er sich meinetwegen interessiert habe. Er sei einige Tage lang dort geblieben, um zu sehen, was dort vor sich gehe, und ich war überrascht zu hören, daß dort nicht nur Frauen und Mädchen, sondern auch Männer sein sollten. Was die Männer anginge, so würden dort nicht nur deren Köpfe vermessen, sondern Gewicht und Größe von buchstäblich allem. Er behauptete, daß noch Hoffnung für mich bestehe, daß ich aber Geduld haben müsse.

Dann schilderte er mir, was er und wie er es beobachtet habe – so als blicke man durch ein Bullauge in eine Schiffskajüte, und das von einem Ort aus, den keiner für möglich gehalten hätte. Prüfungen und Vermessungen habe er so beiwohnen dürfen, und er fügte hinzu, daß in einigen Instituten nur ausgesuchte Mütter und ebenso ausgesuchte Männer zu finden seien und daß in anderen drei Ärzte und drei ideologische Mitarbeiter auf einen einzigen Zögling entfielen.

Aber ich dachte daran, daß es nur um ein Versprechen gehe, das er vor mich hinbreite, als lade er mich zu einem künftigen Fest ein, zu dem es nie kommen werde.

Ich bin mir nicht ganz sicher, ob ich allen Anforderungen der reinen arischen Rasse entsprechen möchte, mit Maßen, die eines nordischen Schädels würdig sind, mit der entsprechenden chemischen Zusammensetzung der Haare, der Mundgröße von Mundwinkel zu Mundwinkel, und manchmal bin ich unwillkürlich stolz darauf, daß ich mit Maßen, die an derartige Anforderungen herankommen, zur

Welt gekommen bin und daß es nur wenig schmeichelhaft ist, wie es mir schmeichelt.

Aber der Offizier wiederholte, daß ich noch in Betracht komme und daß für mich mit ein wenig Geduld und Glück noch nichts verloren sei.

Mir fiel ein, wie er wohl aussehen würde, wenn er als einer von uns auf die Welt gekommen wäre.

»Ist Ihnen nicht kalt hier?« fragte ich.

Ich stelle mir im Geiste eine Gruppe deutscher Ärzte vor, die in Reagenzgläsern und in Milch- oder Essigflaschen die Eigenschaften der reinsten Rasse studieren. Für sie ist es, wie Herr O. immer sagt, eine Art Ersatz für das Filmtheater. Schade, daß wir nie Zugang zu einer derartigen Ordination finden werden, höchstens im Reagenzglas, als Vertreter der niedrigsten Rasse. Besonders gerne würde ich sehen, was Lída für ein Gesicht machen würde.

Auch wenn es uns nur indirekt und entfernt berührt, etwa wie das Echo die ursprüngliche Tonquelle berührt, so ist es doch auch für uns ein vorweggenommenes Bild der künftigen Geschlechter. Die Geschichte der unbefleckten Rasse, die bereits geboren wird, während wir, das Ungeziefer der Menschheit, noch die Luft verpesten, wird in etwa hundert, dreihundert Jahren genau dem entsprechen, was sich die Besitzer des reinen germanischen Blutes schon jetzt vorstellen. Und so wie das Gros der europäischen Könige während der letzten zweitausend Jahre von deutschen Königen mit reinem Blut gestellt wurde, so werden diese wieder die ganze Welt beherrschen, mit einer Leichtigkeit, als würden sie Ping-Pong spielen.

Vielleicht waren sie in der Vergangenheit wirklich zumeist die Herrenrasse. Hören sie womöglich irgendein Echo, dessen Quelle ich selbst nicht hören kann und die außer ihnen niemand hört? Wie aber können sie jemanden von ihrem Auserwähltsein überzeugen, der so weit weg davon ist wie Herr L., der alte O., Ludmila oder ich selbst und mein Papa und meine Mama? Der Kabbalist sagt, daß ein König, den nicht alle als König anerkennen, in Wirklichkeit gar kein König sei, selbst wenn er sich eine fünfstöckige Krone aus Gold, Silber und Edelsteinen aufsetze.

»Es ist nicht gerade warm hier«, gab er mir zur Antwort. »Aber das wird kein Problem sein«, fügte er hinzu.

Er wollte wieder das, was er schon zu Anfang gewollt hatte, noch bevor er sich auf meine Matratze setzte. Wieder sagte er, was für einen schönen Mund ich habe und wie besessen er davon sei, doch mit mir sei es etwas ganz anderes. Innerhalb der Festungsmauern könne er sich alles erlauben, merkte er an. Ich weiß es selbst, daß er sich alles erlauben darf, daß es hier nichts gibt, was ihm verboten wäre, es sei denn, deutsche Zeugen seien in der Nähe.

»Es sind eure Leute, die zuallererst das verbieten, wonach es sie am meisten gelüstet«, sagte er.

Das brachte ihn zurück zu Zeiten, als alle Menschen in Sklaven und Herren aufgeteilt waren, aber es war zugleich noch etwas anderes. Nur ein Teil einer solchen Vergangenheit ist da inbegriffen, wenn ich ihn richtig verstehe.

Mir fiel ein, daß die Ratte, mit der ich zusammenwohne, auch keine Probleme hat. Sie hat nur Angst, Hunger, will das eine, das andere nicht. Ich fragte mich, warum man Ratten in Böhmen als »deutsche Mäuse« bezeichnet.

Und dann fiel mir ein, wer denn eigentlich verbietet, wonach es ihn selbst am meisten gelüstet. Und was das beinhaltet.

Wenn ich eine Deutsche wäre, käme ich da ohne Gewissen aus? Der Offizier lächelte plötzlich. Er sagte, als hätte er erraten, woran ich dachte, daß er sich hier wie in der umgekehrten Geschichte von Adam und Eva fühlen könne, denn die habe, solange sie im Paradies gewesen seien, die Erkenntnis gequält, während er seine Erkenntnis allenfalls genieße.

Das ist außerhalb der Lüge, denn er darf lügen, braucht es aber auch nicht zu tun. Und wer hat schon das Recht und die Möglichkeit, ihm zu beweisen, daß schwarz nicht weiß, ein Messer kein Bleistift, Blut kein Wasser oder ein Gefängnis kein Kinderspielplatz und der Baderaum nur ein Ort ist, wo man sich allenfalls Staub und Schweiß abwäscht? Das habe ich nicht verstanden, aber mehr hat er mir nicht erklärt.

Ich konnte sehen, wie sein Selbstbewußtsein mit jedem Wort wuchs und daß er sich wie ein Fisch im Wasser fühlte. Das ist gewiß eines der Dinge, um die wir die Deutschen beneiden, daß das für sie ganz natürlich ist, als seien sie wirklich geboren, um oben zu sein, zu siegen, die anderen zu knechten und sich in der Welt einzurichten, als gehörte sie von Anfang bis Ende ihnen. Warum sollte er mich in dem Moment, wo er glaubt, ich sei eine Laus, ein Wurm oder ein Verbrecher, weil mich eine andere Mutter geboren hat, nicht zertreten, wegwischen oder töten? Und dann wollte er wissen, ob es nach meinem Dafürhalten besser wäre, wenn unter all denen, die uns nie mochten und nie mögen werden, nicht sie, sondern andere ihre Stelle einnähmen. Ihm mußte doch der Gedanke gekommen sein, daß ich deshalb vorsichtig sei mit der Antwort, weil ich fürchtete, er könne mich töten oder töten lassen, oder er könnte es sich anders überlegen mit der Möglichkeit, mich in einem dieser nordischen Institute unterzubringen.

Ich dachte an das, was ich noch nie jemandem gesagt habe, auch Ludmila nicht, daß alles, was der Offizier mir da sagte, nur ihn selbst betrifft. Es ist so, wie auch Herr L. sagte, daß ein König, solange nicht alle seine Untertanen ihn anerkennen, längst noch kein König ist, selbst wenn er eine Krone auf dem Kopf hat, die höher ist als er selbst.

Warum halten wir uns alle plötzlich an Dinge dieser Art, als wären sie ein Schatten?

Und dann fiel mir noch ein, daß ich in Wirlichkeit nur eine der Untertanen bin, weil ich natürlich nicht im entferntesten etwas mit dem zu tun habe, was deutsch ist. Was mich angeht, kann ich machen, was ich will, aber immer, wenn ich zwischen dem, was besser, und dem, was schlechter ist, ein Gleichgewicht finde und dann wieder damit anfange, habe ich ein Gefühl, als würde ich mich einer Gefahr nähern oder jener Art von Gleichgewicht, die ich als Kind hatte, auch wenn das nie lange dauert und dann wieder ungeahnte Ängste auftauchen, deren Ursache ich, ebenso wie Ludmila, nicht kenne. Es ist, als könnte man sich im Dreck suhlen, so wie sich die Ferkel im Dreck suhlen, und als genügte es dann, unter die Dusche zu gehen, mit dem Wasser alles abzuwaschen und mit dem Dreck nichts mehr zu tun zu haben.

»Ich weiß, daß Sie stark sind«, sagte ich, »von einer anderen Art von Kraft, als in den Muskeln ist.«

Ich fragte ihn, wie es in dem Kasino unweit von meiner Mansarde aussehe, von wo diese Musik herüber klingt, die zumindest mir gefällt, der ich zuhöre, damit ich denken kann, daß die Welt schön sei, wenn auch nicht immer für mich. Die Deutschen lieben es, im Fackel- oder Kerzenlicht zu tanzen, sie haben dort altes Mobiliar aus Eichenholz, wie es die Säle in deutschen Schlössern schmückt, aber auch in französischen und belgischen Schlössern, wo sie sich einige der Möbelstücke geholt haben. Das Klavier ist deutsch. An den Fenstern ist innen roter Samt, was von außen allerdings nicht zu sehen ist wegen des dicht gewebten Leinenstoffes der schwarzen Verdunkelung gegen die Luftangriffe.

»Für so eine kleine Hure, wie es sie hier mehr als genug gibt, hast du einen hübschen Kopf«, sagte er.

Er erzählte mir, welche Sorte von Sesseln rund um den Saal stünde, wo an den Wänden lauter Spiegel hingen und zwei große Gemälde, Bilder aus der deutschen Geschichte. Auf einem der Gemälde sei Heinrich II., der als erster unsere Leute aus dem Land gewiesen habe, und auf dem zweiten sei das Massaker am Rhein. Eine Zeitlang erklärte er mir Inhalt und Sinn der beiden Bilder, obwohl ich es mir leicht denken konnte, und fragte mich dann:

»Könntest du dir denken, daß der weibliche Körper eine Waffe ist?«

»Das haben Sie mich schon das letzte Mal gefragt«, antwortete ich, ohne in Wirklichkeit geantwortet zu haben. »Aber da haben Sie gesagt, daß Sie spätestens in einer Woche wiederkommen würden.« Ich konnte sehen, was das in ihm bewirkte. Er sah mich an und sagte kein Wort.

Dann erspähte er die schwarze Mappe und die beschriebenen Blätter. Und plötzlich wurde mir, ohne daß ein einziges Wort gefallen wäre, klar, daß ein Tagebuch zu führen genauso gefährlich sein kann wie all das, was als Hochverrat bezeichnet wird, oder das, was Leute beleidigt, die eine unumschränkte Macht über alles, was lebt oder leblos ist, haben, über alles, was geschrieben wird oder was Menschen denken.

Vorige Woche träumte mir etwas Ähnliches von ihm. Er kam, um herauszubekommen, wer hier die Flugblätter druckt, die ich schon öfter mal in der Hand hatte, die auf schlechtem, vergilbtem Papier. Doch ich konnte ihn nicht zufriedenstellen, da ich keinen der Leute, die das machen, je gesehen hatte. Worauf er sagte, daß etwas nicht zu wissen immer bequemer sei als zu wissen. Und er merkte an, daß ich schöne Lippen habe. Dann sagte er, wie Herr L., ich hätte schöne Hüften. Über die Beine sprach er, als er am 2. September den Weg zu meinem Speicher zum zweiten Mal gefunden hatte. Ich wartete, daß er noch weiter gehen würde, oder tiefer, aber er sagte, ich hätte einen schönen Hals.

»Hals?« wiederholte ich. Mit den Spitzen meiner Finger griff ich nach meiner Kehle.

Er sprach von mildernden Umständen und warum man auf das eine verzichten müsse, wenn man das andere erreichen wolle. Mein Äußeres, fügte er hinzu, sei für mich ein mildernder Umstand, und mir fiel ein, daß ich eigentlich ganz von selbst nie mehr gewollt hatte, als mich bestmöglich zu verkaufen. Er zog sich an, ganz langsam, und ging, elegant wie zuvor, als er gekommen war.

15. November. Einmal. Eine rote Netztasche. Dreimal. Ein Büchsenöffner. Ein silberner Drehstift. Ein Hufeisen fürs Glück. Fünfmal. Eine Füllfeder. Ein weißes Seidentuch. Fünf rohe Kartoffeln. Eine Walnuß. Eine Kleiderbürste.

16. November. Zweimal. Eine Kerze und Streichhölzer. Ein Haarnetz. Eine Schachtel mit Trockenspiritus. Dreimal. Ein Viertel Roggenbrot. Zwanzig Gramm Margarine. Ein Thermometer. Eine Blechtasse. Eine Ein-Liter-Thermosflasche.

Der alte O. begleitete uns, Ludmila und mich, zum Feuerwehrhaus. Wir gingen ins Kabarett auf dem Speicher, wo die *Fledermaus* mit Frau und Herrn Hofer aus Wien gegeben wurde. Wir hatten dunkle Kleider an und fühlten uns fast wie in Prag. Der alte O. hatte uns wie zwei Töchter oder wie zwei Geliebte, Freundinnen, bei sich, und ich konnte mir gut vorstellen, wie er, solange es noch erlaubt war, in allen Ecken und Enden Europas einherstolziert war. Die Leute wurden auf uns aufmerksam, grüßten ihn, und er grüßte mit einem breiten Lächeln zurück, als würde allein die Tatsache, daß wir zu zweit bei ihm waren, soviel bedeuten wie der Unterschied zwischen Montblanc und Mount Everest, und ich sagte mir, daß ich eine Weile ganz gerne in seiner Haut stekken würde.

Auf der gegenüberliegenden Straßenseite ging Milena, und als sie uns gesehen hatte, rief sie: »An Ihrer Stelle würde ich nie im Leben mehr jemandem zu sagen erlauben, Sie wären alt!«

Der alte O. hatte wohl nicht gut gehört oder wollte auch niemand glauben lassen, das habe ihm gegolten; auf jeden Fall sah er erst mich an, dann Ludmila, und mit den strahlenden Augen eines Mannes, dem es etwas sagt, wenn er zwei junge Damen spazieren führt, fragte er Milena mit krächzender Stimme, ob sie etwas von ihm wolle.

»Keiner sollte je wieder behaupten, Sie wären alt!« wiederholte Milena.

Der alte O. fühlte sich wie kaum je in seinem Leben. Plötzlich aber, als fiele ihm etwas ein, überließ er Milena seine Karte. Ich versprach ihm, daß ich ihm dann erzählen werde. Er sagte, er habe die *Fledermaus* schon gesehen und gehört.

Ludmila sagte mir wieder: »Es ist sogar in Gedanken schrecklich. Und dann, am Ende, das, was du da sagst.«

»Warum denkst du dauernd darüber nach, so wie ein Mensch, der an Sünden denkt, die er nie begangen hat, denen er aber schon deshalb, weil er sie so eifrig ablehnt, nahesteht?« fragte ich. Und dann erwähnte ich, daß es immer irgendwie und irgendwann dazu kommen müsse.

»Weiß Gott, warum sie es wollen«, bemerkte Lída. »Weiß Gott, was mit ihnen passiert ist.«

»Das ist nur teilweise ein Geheimnis«, sagte ich. »Vielleicht ist es die Rache dafür, daß sie früher mal saugen mußten und so abhängig davon waren. Ich weiß nicht. Es ist sicher pervers. Aber man kann sich daran gewöhnen, und dann ist es nicht mehr so schlimm. Es ist nur eines von vielem.«

»Gelatine?«

»Fast.«

»Wie schmeckt es?«

»Es schmeckt nicht. Es ist etwas anderes.«

»Du hast gesagt, es sei, als wäre man erkältet und hätte Schleim in der Brust.«

»Manchmal denke ich, daß es so ist, als hätte ein Baum Wurzeln und könnte sie essen. Oder wie ein Tropfen Harz, der aus der Rinde eines erwachsenen Baumes rinnt. Es steckt ein Geheimnis darin, auch wenn es für einen nahezu selbstverständlich ist und man es bei weitem nicht zum erstenmal macht. Man hat das Gefühl, als hätte man sich längst daran gewöhnt, lange bevor man es wirklich macht.«

In Lída klang das wie ein Echo nach, warum es möglich sei, daß es immer sauberer und am Ende vielleicht sogar süßer werde. »Das einzig Wichtige«, sagte ich, »das, worauf es in jener Sekunde ankommt, bewirkt vielleicht, daß man so etwas größer wird. Man fühlt ein Beben und fragt sich: Habe ich dieses Beben verursacht? Ist es wegen meinem Mund?«

»Hast du dich nie übergeben müssen?«

»Wenn du so darüber sprichst, wundert mich nicht, daß es dir armselig vorkommt«, sagte ich. »Es kann so werden, wenn du dich dazu zwingen mußt, wenn du viel zuviel Kraft brauchst, um es zu machen. Aber warum sollte man sich nicht klarmachen, daß das Beste nur das sein kann, was man selber tun will, aus welchem Grund auch immer.«

Aber ich mußte daran denken, daß sich das ändern kann und daß mir die ganze Welt, wenn ich ohne Frühstück bin, armselig und geschrumpft vorkommt, winzig, ohne jede Größe.

»Würdest du es wollen, wenn du ein Mann wärst?« fragte Lída schließlich.

»An alle Sünden denkst du weit früher, als du sie tust«, antwortete ich ihr.

Herrn L. ist eine deutsche Liste in die Finger gekommen über eingelieferte Pferde, Rinder, Schweine, Verzeichnisse von Ziegen, Schafen und Kaninchen, die im Schafstall von unseren Mädchen gehütet werden. Die Liste wurde vom Befehlshaber der nazistischen Sicherheitspolizei, Herrn SS-Standartenführer Horst Böhm verfaßt.

Herr L. las die Liste von unten nach oben und von oben nach unten, hundertmal vielleicht, als könnte er den eigentlichen Sinn nicht ergründen.

»Stimmt etwas nicht?« fragte ich.

Er hielt mir die Liste hin. Ich schaute sie mir an.

»Verbrenne es«, sagte er mir.

»Sind die alle so?« fragte ich.

»So pedantisch?«

Ich glaube, daß ich weiß, was er nicht ergründen konnte. Hier ist es:

I. Am 9.6.1942 um 19.45 Weisung von SS-Gruppenführer Frank aus Berlin erhalten, daß auf Grund einer Entscheidung des Führers die Gemeinde Lidice niedergebrannt werden solle. Die erwachsenen Männer sollen erschossen werden, die Frauen in ein Konzentrationslager kommen, und die Kinder sollen einer geeigneten Erziehung zugeführt werden.

Daraufhin wurde folgendes durchgeführt:

1. Die Gemeinde wurde zunächst von einer Kompanie der Schutzpolizei umzingelt.

2. In der Nacht wurde diese Kompanie durch 200 Mann der Wehrmacht vom Ersatz-Bataillon in Slany abgelöst. Die Schutzpolizei verhaftete alle Einwohner und versammelte sie vorerst in der Gemeinde.

3. Frauen und Kinder, das sind 198 Frauen und 98 Kinder, wurden mit Lastautos in eine Turnhalle in Kladno gebracht. Dort wurden sie von einer Polizeiabteilung des Oberlandrats in Kladno bewacht.

4. Nach Eintreffen weiterer zwei Kompanien der Schutzpolizei aus Prag wurden Vieh, Getreide, landwirtschaftliche Maschinen, Fahrräder, Nähmaschinen und weitere wertvolle Gebrauchsgegenstände eingesammelt und aus der Gemeinde herausgeschafft, das sind:

32 Pferde, 167 Rinder, 150 Schweine, 144 Ziegen, 16 Schafe, eine noch nicht festgestellte Anzahl Geflügel und Kaninchen, eine noch nicht festgestellte Menge Getreide und Schrot, 32 landwirtschaftliche Fahrzeuge, 3 Elektromotoren, 1 Kreissäge, 1 Pflug, 3 Handwagen, 1 Nähmaschine (all das gelagert auf dem Staatsgut in Buštěhrad); weiter

100 Fahrräder, 3 Motorräder, 1 kleines Personenauto, 3 Waagen, 1 Fleischwolf, 40 Oberbetten und 74 Kissen, 3 Kinderwagen, 18 Radiogeräte, 27 Nähmaschinen, 96 Paar Herrenschuhe, 83 Paar Damenschuhe und eine große Anzahl an Lebensmitteln und Gebrauchsgegenständen (gelagert bei der Staatspolizei in Kladno).

Das Verzeichnis wurde von der Protektoratspolizei aus Kladno aufgestellt, unter dem Befehl des Bürgers deutscher Volkszugehörigkeit, Oberstleutnant Vit.

5. In der Morgendämmerung wurden nach der Gemeindekartothek die festgesetzten erwachsenen Männer – 173 Mann – identifiziert, die unmittelbar danach an der festgelegten Stelle von einer Kompanie der Schutzpolizei in der zahlenmäßigen Stärke von 1/2/20 erschossen wurden.

6. Nach der Räumung der Gemeinde wurde eine Feuerstätte ein-

gerichtet, für die von der Wehrmacht 200 Liter Benzin zur Verfügung gestellt wurden. Die übrige benötigte Menge von 300 Litern Benzin und 200 Litern Petroleum lieferte die Gestapo.

7. Nach Erteilung genauer Anweisungen durch den zuständigen Offizier der Brandpolizei vom Ordnungspolizeikommando in Prag, wie die Brände zu entfachen seien, wurde am 10.6.1942 um 7 Uhr morgens das erste Haus angezündet. Um 10 Uhr standen alle Häuser der Gemeinde in Flammen.

8. Eine Abteilung Juden aus dem Getto Theresienstadt begrub am 11.6.1942 die Leichen der Erschossenen in einem Massengrab innerhalb der Gemeinde.

9. Am 11.6.1942 wurde ein Pioniertrupp der SS in der zahlenmäßigen Stärke von 1/1/35 eingesetzt, um das Gemäuer zu sprengen. Diese Truppenstärke genügt nicht, denn nach Meinung von Fachleuten hätten zwei starke, mit bestem Gerät ausgerüstete Kompanien mindestens 14 Tage zu tun.

10. Um weitere Wertgegenstände wie etwa landwirtschaftliche Maschinen und zur Verschrottung geeignetes Eisen sicherzustellen, wurden 3 Abteilungen des Reichsarbeitsdienstes eingesetzt, die den Pionieren zugleich als Räumungskommando dienten.

11. Das Grundstücksamt in Prag wurde angewiesen, die gesamte Nutzfläche der Gemeinde zur landwirtschaftlichen Bewirtschaftung zu übernehmen.

12. Die Kinder werden am 12.6.1942 abends abtransportiert.

13. Die festgesetzten Frauen werden am 13.6.1942 in ein Konzentrationslager überführt.

Weil die tschechische Brandpolizei zur Verfügung stand, wurde auf die Feuerwehr verzichtet.

II. Wird SS-Obergruppenführer Dalueg mit der Bitte um Kenntnisnahme vorgelegt.

III. Dem SS-Gruppenführer K. H. Frank.

Böhme, B. d. K.

»Was ist das: eins durch zwei durch zwanzig?«

»Ein Offizier, zwei Unteroffiziere und zwanzig Polizisten«, erklärte mir Herr L.

»Wer war von unseren Leuten dabei? Jemand, den ich kenne?« Ich dachte an den alten O.

»Ein Fleischwolf«, sagte Herr L.

Ich sah, daß er mir nicht zuhörte. Dann rollte ich es zusammen, hielt es über die Kerze und ließ es verbrennen. Dabei schaute ich die seltsamen Schatten an, die Herrn L.s Gesicht an die Balken, die Wände und an die Diele warf.

17. November. Ich hatte wieder mal den Traum mit dem Fliegeroffizier, der mir auftragen wollte, herauszufinden, wer die Flugblätter schreibe, vervielfältige und verteile. Dort wurden die Leute aufgefordert, möglichst langsam für die Reichskriegsproduktion zu arbeiten, denn das Kriegsende werde mit jedem getöteten Soldaten der Alliierten genauso hinausgezögert, wie es mit jedem Nazisoldaten, der zu Hause bleibe, beschleunigt werde. Und dann noch, daß wir mit jedem deutschen Soldaten, den wir hier zu binden verständen, das Leben eines russischen, englischen oder amerikanischen Soldaten retteten, den der Deutsche erschossen hätte. Es kam mir fast etwas wie Monopoly vor.

Aber er machte nicht den Eindruck, daß seine Art, sich bei mir aufzuhalten, nicht eines derartigen Ausgleichs wert wäre. Weil er bei mir, und in keinerlei Hinsicht, die geringsten Hemmungen hat, sieht es einen Moment so aus, als habe er einen epileptischen Anfall bekommen. Einmal hatte ich eine Sekunde lang sogar Angst, er würde sterben. Doch ich fand nie den Mut, es ihm zu sagen, bis er es selbst sagte.

»So ist man dem Tod näher als an der Front«, sagte er. »Vielleicht sind wir ihm beim Einschlafen genauso nahe.« Und dann zeigte er mir, daß er an der linken Seite verletzt worden war, und strich sich mit der Hand über die lange, von einer Stichwunde herrührende Narbe.

Dann schilderte er mir kurz, was ihm nach einer Notlandung passiert sei, als man die Hilfe irgendwelcher Dorfbewohner in Anspruch nehmen mußte, damit er möglichst schnell in ein Lazarett kam. Er behauptete, sie hätten auf ihn eingestochen, während er ohnmächtig war.

»Ich wäre in keinem Fall der erste, den sie getötet hätten, und ich kann dir schon jetzt verraten, daß sie mich hundert- oder tausendmal, ja, je nach der Gruppe, mit der man es vergleiche, zehntausendmal töten müßten, um das Blut zurückzubekommen, das sie durch mich verloren hatten«, sagte er mit unveränderter Stimme. Und er fügte hinzu, dies sei die Vertreibung des Donners durch einen anderen. Und er seufzte, als sähe er im Bruchteil einer Sekunde all die zehntausend Todesarten vor sich, für die, falls er sie zu beschreiben versucht hätte, kein Wort aussagekräftig genug war. Aber ich komme ihm nicht entgegen und versuche nicht, es mir vorzustellen und zu ergänzen.

Dann sagte er mir, was ich seiner Vorstellung nach tun müsse, um mir meine nordische Umerziehung und damit eigentlich das Leben zu verdienen. Es war eine zu gleichen Teilen komplizierte wie auch einfache Operation, und es war nicht weiter schwer, sofort damit zu beginnen. Ich hatte mich auf dem Prager Bahnhof nur einer Gruppe von Leuten in einem Sonderwagen anzuschließen. Er sagte, um das Schicksal derer, die hier blieben, brauche ich mich nicht zu kümmern, das sei buchstäblich nicht meine Sorge. Und dann merkte er noch an, wann der Fall eintrete, daß alle Umstände nur noch mildernd seien; obgleich ich eine seltsame Eigenschaft der Umstände entdeckte – daß sie nämlich, je schwerer sie waren, um so mildernder erscheinen können, ohne es jedoch sein zu müssen.

Und so fand ich mich zuerst im Zug und dann, nachdem wir am Hafen angekommen waren, auf dem Schiff wieder. Ich war mit Menschen zusammen, die mich für eine der Ihren hielten und von meinem Doppelgesicht keine Ahnung hatten. Eine unsichtbare Beziehung band mich an den Fliegeroffizier, der nicht anwesend war, und ich wagte nicht, eine noch größere Nähe zu den Menschen, mit denen ich zusammen war, vorzutäuschen. Ich mußte dem Offizier für etwas dankbar sein, was mir nicht im geringsten angenehm war. Als müßte ich ein Spiel spielen, in dem die eine Welt die Vernichtung einer anderen Welt betreibt, deren Bestandteil sie ist, und keiner wüßte, wie dem zu wehren sei. Und so ging mein sehnlichster Wunsch, mich in einer Welt zu verkaufen, in der buchstäblich alles vermarktet wird, anders in Erfüllung, als ich es mir ursprünglich vorgestellt hatte.

Die andere Seite der Welt, die jenseits des Ozeans, war in der Tat die andere Seite der Welt. Das Meer war schön wie in der Schilderung von Herrn L. Ich hatte eine eigene Kajüte und wurde von einem persönlichen Steward betreut, der mir das Englische beibrachte, weil ich deutsch nicht sprechen wollte und er kein Tschechisch verstand. Ich führte die ganzen acht Tage und neun Nächte der Fahrt ein erlesenes Leben. Am Nachmittag ließ ich mich von der Sonne wärmen, und wehte mal der Wind, so beobachtete ich, eine Decke auf den Knien und darauf Tee mit Gebäck, die Wellen, den Horizont, fliegende Fische und Möwen und schöne große Vögel, die ihre Nester an unsichtbaren Felsen oder Ufern hatten. Ich las in jenem Buch, von dem ich jetzt, ohne genau zu wissen, warum, und ohne auch alles, was darin geschrieben war, verstanden zu haben, Fieber bekam. Nach dem Abendessen, das zwei oder drei Stunden dauerte, tanzten wir in Räumen, die mit ihren Säulen, Spiegeln und üppigen Gemälden in Rahmen aus Gold einem Schloßsaal ähnelten. Die Musik, zu der wir tanzten, dirigierte der Schiffskapellmeister. Und über der Musik hörte man einem Summen gleich das Brausen des Meeres, und tiefer, unter Deck, das finstere Tosen der Maschinen. Nachts begleitete mich der Steward zur Kajüte, und manchmal betrachteten wir das Meer, wie gewaltig, unbekannt und schön es war. Vom Achterdeck aus folgten meine Blicke dem langen weißen Strudel, der vom Mond beleuchteten Furche hinter dem Schiff, schauten zu, wie die riesige Schiffsschraube das Meer aufwühlte.

Am siebten Abend forderte mich der Kapitän zum Tanz auf. Er war ein hochgewachsener, schlanker Mann um die

Vierzig, der Ähnlichkeit mit meinem Vater hatte; aber gelegentlich hatte ich fast den Eindruck, als wäre er ein Doppelgänger des deutschen Fliegeroffiziers.

Das Schiff hatte den Namen Tod. Ich fragte ihn, wessen Idee es gewesen sei, ein so schönes Schiff auf einen derart seltsamen Namen zu taufen, aber der Kapitän lächelte und sagte zu mir, das sei nur ein Wort, und ich könne mein Schiff beliebig umbenennen. Mehr sagte er darüber nicht.

Und als er dann das Gesprächsthema wechselte, begannen wir uns mitten im Tanz über Dämonen zu unterhalten. Ich spreche nie und mit keinem über Dämonen, und hätte Ludmila nicht einmal von selbst damit angefangen, ich hätte wohl nie den Anstoß dazu gegeben. Ich erzählte ihm von Milena. Milena war unter all den Mädchen, mit denen ich in der L 410 war, das eigenartigste, so daß niemand sie bedauerte, als sie 1943 mit dem September-Transport in ein Familienlager im Osten fuhr. Ich wußte nicht mal, wie es überhaupt zu diesem Gespräch über Milena kommen konnte. Soweit ich denken kann, hatte sie nie jemandem eine Freude bereitet, so als glaubte sie, daß man für die Freude der anderen mit der eigenen Verbitterung bezahlen müsse.

Der Kapitän zeigte sich so sehr interessiert, daß er zu lächeln begann und sagte, daß jedes Schiff Leute dieser Art an Bord habe. Und daß es neben denen, die scheiden müßten und daher Mitgefühl erweckten, auch solche wie Milena gebe, die von niemandem bedauert würden. Plötzlich erkannte oder fühlte ich, daß Milena ein Dämon gewesen war. Oder, anders herum: daß jeder Dämon nichts anderes ist als irgendwer mit all seinen Gelüsten, Charaktereigenschaften, Spleens. Und daß das Schiff den Namen Tod trug, damit ich sah, daß alles, was so groß ist, der Tod ist. Und daß es der Tod ist, der die Menschen letztgültig größer macht, als sie es waren, solange sie lebten, so als sei es ein verkehrtes, erst jetzt überschaubares Leben gewesen, Freund und Feind zugleich. Daß erst der Tod dem, was einer wirklich gewesen und was er nie gewesen ist, den rechten Wert verleihe. Und plötzlich fand ich es zum Lachen, daß man von mir schon einige Male gesagt hatte, ich sei gestorben. Und daß sowohl die Stärksten als auch die Schwächsten letztendlich das gleiche Schicksal erwartet. Und daß das Leben nur das Angemessene und Überschaubare ist, vielleicht auch das Kleine und Bescheidene, und das Große ist der Tod.

Ich tanzte noch einige Sekunden mit dem Kapitän, nachdem die Musik schon aufgehört hatte, und der Kapitän lächelte mich wieder an wie zuvor, als wüßte er, was mir durch den Kopf ging.

»Manchmal bin ich von Milena besessen«, sagte ich.

»Von Zeit zu Zeit sind wir alle von ihnen besessen«, entgegnete der Kapitän. Uns verband ein geheimes, unausgesprochenes Abkommen, und er wußte, worum es mir ging, ohne es zu sagen. Er hatte eine sehr tiefe Stimme, ernste Augen, und obwohl er mit angehobenen Mundwinkeln zu lachen schien, fühlte ich seinen durchdringenden Blick, der mich glauben ließ, er lache in Wirklichkeit nicht im geringsten.

Er wiederholte mir dann, daß ich, so klein ich auch sei, weit schöner wäre, als ich mir selber zugestehe.

Und dann sagte er: »Meine Offiziere und Matrosen wissen, falls sie mit jemand gehen, wer er ist. Jeder von ihnen weiß, was er mit einer Frau zu machen hat, die er verführt.«

Darauf antwortete ich nicht. Es ist, dachte ich, der gleiche Luxus wie sein Schiff Luxus ist, jemanden seines Tuns halber zu beschuldigen und um dessentwillen, was er dadurch aus jemandem macht.

Und so dachte ich darüber nach, warum wegen Menschen wie Milena manche Szenen blutrünstiger und überraschender erscheinen, warum sie heftiger wechseln, als man erwartet.

Die Musiker trugen ähnliche Uniformen wie die Schiffstewards. Und plötzlich wurde mir bewußt, in was für einer Sprache wir uns mit dem Kapitän unterhielten. Es war die gleiche Sprache wie im Schiffsnamen an Bug und Heck, im

Namen, der auch auf jedes Rettungsboot gemalt war und der im Licht über der Bar leuchtete, von wo man den Musikern Zitronensaft oder Bier brachte, was immer einer trinken wollte. Das Schiff fuhr sanft dahin. Ich hatte schon aufgehört, mich zu wundern, daß in einem so riesigen Raum auch ein so unscheinbares Schiff fest zu sein scheint und die Orientierung nicht verliert.

Ich fragte den Kapitän, ob er dabei an die Menschen denke, die auf dem Schiff führen. Er antwortete, daß er nicht einmal so sehr an die Menschen wie an das Schiff und die Gesetze der Nautik denke, die entscheidend seien für die Sicherheit des Schiffes.

Ich dachte daran, daß es doch schließlich Menschen waren, die das Schiff erbaut hatten, fürchtete aber fast, daß der Kapitän mir die Wahrheit sagen würde. Ich sagte statt dessen, daß ich langsamere Tänze vorziehe.

»Einige Kompositionen werden auf Schiffen uraufgeführt«, sagte der Kapitän. Er drückte sich an mich, weil ein Tango gespielt wurde, und als ich mich zu entziehen suchte, war das Ergebnis, daß er mich noch enger umschlang.

Und plötzlich mußte ich lächeln, weil ich auf einmal wußte, daß ich nicht nur gegen den Kapitän, sondern gegen alles, was noch kommen würde, meine »Waffe« hatte. Und ich wußte mich auf der gleichen Höhe, auf der auch der Kapitän, seine Offiziere und die Mannschaften waren, die Passagiere und auch diejenigen, zu deren Gruppe ich gehörte. Und ich wußte, daß ich nicht zögern würde, meine »Waffe« einzusetzen, falls ich einmal nicht von der Übermacht der Dinge verkrüppelt werden wollte. Schon seit meinem dreizehnten Lebensjahr spüre ich das Vorhandensein meiner »Waffe«, weiß aber, daß das, ausgesprochen, nur abgedroschen klingt. In der Nacht hatte ich ein Gefühl, als hätten wir mit dem Kapitän die Rollen getauscht. Und solange der Kapitän in meiner Haut steckte, mußte er wissen, daß ich einiges von dem, was ich weiß, dem deutschen Fliegeroffizier werde sagen müssen.

Mein Traum von der Schiffsreise war verdorben. Als ich am Hafen auf der anderen Seite des Ozeans zu einem Langbart ging, um zu sagen, was mich bedrückte, legte er mir den Finger an den Mund und die Hand an die Brust und lächelte mich wider Erwarten an. Mir lief es kalt über den Rücken. Ich wachte auf, weil ich fror.

Einmal. Dreiundzwanzig Mark. Haarshampoo.

Harýček Geduld hat sein Monopoly verbessert. Man spielt nicht mehr nach den jüdischen Regeln, wonach die eine Seite befiehlt und die andere bis zur völligen Selbstvernichtung alle Befehle gehorsam ausführt, auch nicht nach den russischen, englischen oder italienischen Regeln, mit denen Geduld das Spiel zu erneuern pflegt, damit es uns Spaß macht und allen möglichen Veränderungen gerecht wird. Jetzt waren alle Feinde Deutschlands schon besiegt und ausgerottet, und Harýček hatte die Spielfelder von Alaska über den Ural bis zur Atlantikküste Frankreichs als deutsches Hoheitsgebiet übermalt. Anschließend färbte er auch noch die zweite Halbkugel braun und markierte alle Gebiete mit Hakenkreuzen.

Und so vernichten sich jetzt auf Hary Gedulds Kriegsfeld die Deutschen untereinander, und das nach den gleichen Regeln, die sie während eines zehnjährigen Kriegs zur Vernichtung der ganzen Welt anwandten. »Lassen Sie sich den Schädel, das Geschlechtsorgan und die Haardicke vermessen, und stellen Sie sich auf das Feld ›grüne Augen‹.« Wer die Sechs würfelt: »Erschießen Sie umgehend den Farmbesitzer mit den schwarzen Haaren, eignen Sie sich seine blonde Frau und Tochter an, und rücken Sie zehn Felder vor.«

Gewinnen, das tut nur Gedulds Adolf Hitler, der allein übriggeblieben ist, jedoch zum Spielanfang zurückkehren muß, weil er niemanden hat, der ihm ein Brot backen, Kleider nähen, Schuhe machen und ein Dach über den

Kopf bauen würde. Auf das erste und letzte Feld hat Harýček statt der Hakenkreuze Fragezeichen hingemalt.

Ich zog die Karte: »Erschießen Sie Ihren Vater, er hat eine jüdische Großmutter verleugnet.«

Ich las und fragte ihn, ob er nicht zufällig auch schon verrückt sei. Er fragte uns, ob uns nicht zufällig wie auch ihm schon der Gedanke gekommen sei, wie seinerzeit und nicht so lange vor uns, sagen wir mal, etwa hundertfünfzig Großmütter rückwärts, jener Mensch ausgesehen habe, als man die Nägel in ihn schlug, in jede Hand einen und einen in die gespannten Fußrücken, jener Mensch, der hätte wissen müssen, daß er von seinem Olivenholz nie wieder herunterkommen werde. Ludmila und ich meinten, er habe Angst gehabt. Irgendwo hatte ich übrigens gelesen, daß, wenn es drauf ankommt, die Angst größer als Gott und stärker als alles ist. Und ich fragte mich, was für eine Art Angst das wohl gewesen sein mag. Nach Harýčeks Meinung – und nicht nur seiner Meinung nach – sind wir alle aus demselben Fleisch.

»Du hast leicht reden, wenn du nicht zur erwählten Rasse gehörst«, sagte ich. »Ich würde gerne hören, was du für Ansichten hättest, falls du zufällig als einer von denen geboren wärst.«

»Was wiegt mehr«, fragte Harýček Geduld, »wenn die Unterdrückten Gerechtigkeit verlangen, oder wenn auch diejenigen Gerechtigkeit für alle verlangen, die von niemandem unterdrückt werden?«

Harýček hatte es schon immer Spaß gemacht, die Dinge von den Beinen auf den Kopf zu stellen und das Oberste zuunterst zu kehren. Als wäre in einer einzigen derartigen Verkehrtheit mehr Wahrheit enthalten als in dem, was schon gut vorgekaut in den Gebets- und in alten Lesebüchern zu finden ist.

»Ich würde wirklich gerne sehen, wie du dich als Deutscher verhalten würdest. Oder wenn du aus anderem Fleisch und reinen Blutes wärst. Wenn dein Blut so rein wäre wie Wein. Etwas in dieser Art, wenn du verstehst, was ich meine. Wenn die Dinge, so wie sie sind, dir nützen würden.«

Dann fragte ich: »Glaubst du, daß all die Menschen auch bloß Angst hatten, vor denen ich im Geiste den Hut ziehe und denen ich insgeheim die Daumen drücke, woher sie immer kommen, weil sie dort, wo andere etwas anderes gefunden haben, Mut fanden? Glaubst du, daß jemand, hätte er sie aus der Nähe gesehen, über ihr klägliches Aussehen erschrokken wäre, über die Angst in ihren Augen und vielleicht auch darüber, daß ihnen heimlich, wenn es keiner sah, die Knie und Hände zitterten?«

Harýček schaute mich lange an. Ich wartete, was er sagen würde.

»Hast du schon mal in den Spiegel sehen müssen, um sicher zu sein, daß du noch existierst?« fragte er.

Wie immer hatten er und Lída sich zerstritten, denn sie hatte, von denen abgesehen, die sie ebenfalls gemeint hatte, ihre Familie beschuldigt, wie die Schafe aufs Schafott zu gehen. Außerdem hätte sie lieber Gedulds ursprüngliches Monopoly gespielt. Daraufhin fragte Harýček Geduld sie bloß, warum wohl Häftlinge, die zu einer langjährigen Freiheitsstrafe oder zum Tode verurteilt seien, ohne Rücksicht auf Rasse, Nationalität oder auf Legenden, die mit einzelnen Persönlichkeiten oder Nationalitäten verbunden seien, niemals oder nur in absoluten Ausnahmefällen freiwillig aus dem Leben schieden, bis daß der Henker es für sie tue? Er zählte ein paar Beispiele auf.

Dann begann er neue Felder auf das Monopoly zu malen. Wer es sich jedoch zusammenreimen konnte, der hatte eines seiner Gedichte vor sich, eines davon, wie wir uns alle mit Händen und Klauen am Leben festhalten, so wie sich bisher alle Menschen mit Händen und Klauen daran festgehalten haben und wie sich vermutlich noch lange nach uns alle daran festhalten werden. Dann lud er uns beide ein, abends, wenn es dunkel werde, herzukommen, denn morgen gehe, wie ihm der Kabbalist vertraulich mitgeteilt habe, ein Transport, und er mit ihm.

Einmal. Zwei Kartoffeln. Zweimal. Ein Viertel Roggenbrot. Bezugscheine für zwei Mittagessen.

Ich unterhielt mich mit Lída über das, was für uns wann jeweils das Wichtigste sei. Ludmila stellte mit Schrecken fest, daß sich das bei ihr ändert. Früher hat ihr genügt, zu wissen, daß die Menschen, die sie gern hatte – Eltern, Großmutter, Freunde –, wohlauf waren und daß es ihnen einigermaßen gut ging; alles, was sie zu ihrem Glück brauchte, war, daß sie von ihnen geliebt wurde. Dann vollendete sie das noch damit, wie hübsch sie sei, und war alles in allem zufrieden. Ihr genügte schon, keinem ein Unrecht getan zu haben, um sich gut vorzukommen. Für nichts, was ihr Gesichtsfeld überstieg, übernahm sie Verantwortung. Alles, was ihr das Leben zu bieten hatte, war neu für sie. Sie fühlte sich wie eine Reisende, die unterwegs war von Tag zu Tag, von Nacht zu Nacht, und sie bereitete sich auf immer größere Stationen vor, aufs Erwachsenwerden und irgendwann später aufs Erwachsensein, und sie sammelte dabei, wie alle, ihre Erfahrungen und verwahrte sie, um sie dann in das, was kommen würde, einzubringen.

Aber auch bei mir ändert es sich. Das Wichtigste ist mir nicht mehr meine Familie, meine Freundinnen, die Jungs, das Kabarett oder das Theater, die Bücher oder das bißchen Verruchtheit, die für etwas Abenteuer sorgt. Ich wäre ganz froh, wenn ich sagen könnte, daß das Allerwichtigste für mich der Blick auf den Mond, auf die Sterne, der Blick auf den Nachthimmel sei; daß es die Vergangenheit sei, die ihre Geheimnisse verbirgt; daß es die Zukunft sei, die das Bessere zu sein scheint, weil sie die Hoffnung birgt; die Welt, so wie sie ist; der Schlaf, weil er die Träume bringt; und das Träumen am Tag, das mich für alles entschädigt, was ich nicht habe.

»Ich habe Angst vor Ausländern«, sagte ich. »Vor der Dunkelheit. Daß ich herunterkomme, daß ich arm und verlassen bin, daß man mir etwas raubt, was meine Mutter Ehre genannt hat, daß man mich bestraft und daß ich etwas Wichtiges verliere, auch wenn es nicht meine Schuld ist.«

»Glaubst du ehrlich an das Glück, an das Schicksal?«

»Ich weiß nicht.«

»Ich möchte, wie du, daran glauben, daß mich etwas Schönes erwartet. Etwas Unerwartetes. Etwas, das für dich romantisch ist. Aber ich habe Angst, daß ich mich verbrennen könnte. Oder daß ich verrückt werden könnte wie die Leute im Irrenhaus. Oder daß ich mein Leben vertrödeln könnte, daß sich nichts von dem erfüllen würde, was ich wirklich möchte. Früher hatte ich Angst, daß ich sterbe. Hast du Angst vor dem Sterben? Wovor hast du Angst?«

Ich wußte, daß Ludmila über ihre Angst sprechen wollte. »Ich habe dauernd Angst vor dem Sterben«, sagte ich. »Und daß ich nie bei etwas Erfolg habe. Ich habe Angst vor den Wegen, so wie manche Höhenangst haben.« Ludmila machte sich Gedanken darüber, warum sich die Jungs für Mädchen interessieren. Ich bemerkte dazu, daß es bestimmt der Instinkt sei, doch sei es auch deren Ich, das so groß ist wie der Kirchturm auf dem Marktplatz, und die Sehnsucht nach der Freundschaft, und alles, was dazugehört. Plötzlich hatte ich den Eindruck, daß Ludmila die lächerlichen Dinge nicht mehr zum Lachen fand. Ich lächelte sie an.

»Wenn du das nächste Mal zum Schlittschuhlaufen gehst, lies dir die Regeln und Weisungen durch, Lída. Wenn du hinfällst, versuche, so schnell wie möglich wieder auf die Beine zu kommen.«

»Jaja, ich weiß«, lächelte Ludmila zurück. »Und fahr nicht so schnell. Was sagst du eigentlich zu den Jungs, wenn sie etwas Schönes von dir hören wollen?«

»Einmal, da habe ich einem gesagt, daß er mich an meinen Großvater erinnert, der ein enorm guter Kerl war«, lachte ich.

»Ich wüßte gern, was Liebe ist«, sagte Ludmila plötzlich.

»Wieviel Freundschaft und Mut in ihr ist. Was sie an Wahnsinn, Lüge und Unverantwortlichkeit enthält. Ob sie nur ein Privileg der Glücklichen ist.« Sie steckte sich die Bluse in den Rock. Sie trug einen karierten Rock, denselben, den sie schon getragen hatte, als sie ins Kinderheim an der L 410 gekommen war. »Ich möchte gerne wissen, was für eine Art Magie das ist. Warum Verliebte dauernd nur lächeln, und warum Leute, die sich verbrannt haben, dauernd so tun, als wüßten nur sie, wo es lang geht.«

»Ich lasse keinen zu nah an mich heran«, sagte ich. »Nur frag mich um Gottes willen nicht danach, was Liebe von Leidenschaft und Leidenschaft von Drüsen unterscheidet. Es wird wohl so etwas sein wie Wärme und Feuer. Das Feuer braucht man nicht immer, die Wärme schon.«

»Und was, wenn man Licht braucht?« fragte Lída überraschend.

»Darum bin ich manchmal tot. Ich sehe lebend aus, aber ich bin tot. Weißt du, was ich meine?« lachte ich aufs neue. Ludmila dachte vermutlich an Dinge wie Stolz, Ehre, Tapferkeit und Verantwortung. Für sie waren sie der letzte Strohhalm. Warum? Ich habe keine Ahnung, warum. Ob sie daran dachte, wann ein Mädel viel geben soll, auch wenn sie nur wenig zurückbekommt? An die Angst, die alles kaputtmacht? An das Mitleid, das niemandem hilft? »Vielleicht ist es nicht schlimmer, als wenn man farbenblind ist«, sagte ich. »Hast du nicht gemerkt, daß die Menschen zwar die Wahrheit wollen, doch wenn es sich um diese Dinge handelt, geben sie der Lüge den Vorzug?« Ließe sich Liebe mit einem Feuer vergleichen, das sich selbst verzehrt?

»Ich will kein bloßes Tier sein«, sagte Ludmila. »Magst du die Nacht? Du hast mir erzählt, daß du zu Hause die Nacht sehr gern gemocht hast.«

»Das war zu Hause. Als alles normal gewesen ist. Jetzt mache ich mir nicht mehr soviel aus der Nacht.«

»Warum nicht?«

»Nachts komme ich mir vor wie ein anderer Mensch.« Ich

sagte nichts davon, daß ich mir in manchen Nächten vorkam, als stünde das Ende der Welt bevor oder als wäre ich der letzte Mensch auf Erden, nach irgendeiner schrecklichen Katastrophe. »Zu Hause noch, da dachte ich, daß sich in der Nacht der Feige mutiger, der Schwache stärker, der Häßliche schöner vorkommen kann. Heute befällt mich in der Nacht das Grauen. Und wenn es Tag wird, löst sich das nicht mehr von selbst auf, nur weil mich Licht und Sonne wecken. Die Nacht ist keine Art Licht mehr für mich wie damals zu Hause.«

»Mich hypnotisieren Nacht und Dunkelheit«, sagte Ludmila.

Ich mußte daran denken, wie es gewesen ist, als ich zu Hause die Nacht noch gemocht hatte, weil die Angst noch nicht vorhanden war. Hatte ich denn wirklich denken können, daß die Schwachen nachts mehr Kraft und mit der Kraft mehr Mut und vielleicht mehr Hoffnung haben würden? Früher habe ich mich auf die Nacht gefreut, so wie ich mich auf den Tag gefreut habe, wenn ich wieder aufwachen würde.

»Das wird sich ändern. Alles wird sich ändern. Bis auf das, was sich nicht ändern wird«, sagte ich. »In Prag, da habe ich zwei Jungs gekannt, zwei Gitarristen. Sie hatten immer ihre Gitarren dabei. Beide sind schon nach Osten abgefahren, samt ihren Gitarren. Sie hatten angenehme Stimmen. Sie konnten sehr schön spielen und singen. Wenn man sie spielen hörte, kamen sie einem wunderbar vor. Doch kaum haben sie aufgehört damit, waren sie die größten Widerlinge, die man sich vorstellen kann. Sie sind schon immer so gewesen. Mit ihnen war überhaupt nichts los, außer sie spielten Gitarre und sangen.«

Ich hatte den Eindruck, daß die Dunkelheit für Ludmila etwas Ähnliches war wie der Sand für den Strauß. Der alte O. hat mir gesagt, daß ein Strauß fünfundzwanzig Jahre alt werden kann. Das ist viel für einen Vogel. Und die Menschen? Ich kann mir vorstellen, wie Ludmila sich fühlt. Der alte O.

hat mir erzählt, daß in der See ein Fisch lebt – ein Weibchen, mit einem winzigen Männchen, den es füttert, weil er so unscheinbar ist, und erwartet von ihm nichts, nur daß er es befruchtet. Er bleibt sein ganzes Leben bei ihr, wird immer kleiner, bis er eingeht, während die Fischmutter weiterlebt. Der alte O. hat darüber gesprochen, als wollte er verurteilen, wie einer lebt. Es gefiel ihm nicht. Ich nahm Ludmila an der Hand. Ihre Hand war kalt, als hätte sie weder geschlafen noch gegessen. Aber ich kann ihr heute nicht helfen.

Ich denke über Träume nach. Lída hat geträumt, ihre Brüste wären prall gefüllt mit Milch und Harýček Geduld hätte gesagt: »Ich werde dir helfen.« Ihr sei klargewesen, daß er sich darauf verstand.

18. November. Einmal. Zwei Kartoffeln.

Zweimal. Ein Viertel Roggenbrot. Ein Bezugschein für zwei Mittagessen.

Ich erinnerte den alten O. an sein Versprechen, mir zur Abwechslung mal etwas über Mexiko zu erzählen. Ich hatte Angst, er könnte stumm geworden sein. Er lag eine ganze Stunde neben mir, als hätte man ihm die Zunge herausgeschnitten. Dann schilderte er mir die Bucht am südlichsten Zipfel des Stillen Ozeans, wo er in einer Hütte hauste, auf deren Dach nachts die Hunde herumsprangen. Die ganze Nacht über krähten dort die Hähne, jede Nacht. Er erzählte mir von den Farben und den Geräuschen. Von den Eidechsen in einem tropischen Hafen, die vom Ufer so schnell aufs Meer hinausliefen, daß sie sich bis zur Hälfte der Bucht über Wasser hielten, und sie liefen so auf den Hinterbeinen, bis sie im Wasser versanken und davonschwammen. Er erzählte mir von einem Palast aus weißem Marmor, der in Schlamm versank und eines Tages ganz verschwinden würde, als hätte es ihn gar nicht gegeben.

Stutzig machte mich, was er über eine Stadt sagte, in der die spanischen Eroberer keine Menschenseele gefunden hätten, weil die Bewohner ausgestorben waren. Sie hätten angeblich Kämpfe veranstaltet, auf Plätzen, die unseren Fußballplätzen ähnelten, mit einem Steinring an der Seite, durch den die Spieler einen steinernen Ball durchzuschieben hatten. Den Sieger opferten sie den Göttern. Warum, wollte ich wissen. Wer weiß, sie waren wohl degeneriert, vermutete der alte O. Jede Gesellschaft, die die Besten tötet und die Schlechtesten übrig läßt, steht auf dem Kopf; sie verwechselt das Gute mit dem Schlechten, das Schöne mit dem Häßlichen, den Sieg mit der Niederlage und umgekehrt.

Man kann mit dem alten O. im Gegensatz zu vielen anderen Menschen über alles reden. Mit manchen kann man über gar nichts reden.

Dann erzählte er mir von der toten Stadt mit einer Mond- und einer Sonnenpyramide, wo man jungfräulich reine indianische Mädchen zu opfern pflegte: Man führte so ein Mädchen die Treppe der Sonnenpyramide hoch, auf einen flachen Gipfel, stach ihm Stacheln einer Kaktee in die Armbeuge, damit es verblutete und ohnmächtig wurde, und dann verbrannte man es, zu Ehren der Sonne.

Der alte O. seufzte. Auch ich mußte seufzen. Mit einer Frage nach dem Palast, der in Schlamm versank, lenkte ich vom Thema ab. Das sei ein Palast der Schönheit, antwortete der alte O. Als er dort gewesen war, hatte vor dem Palast eine dreiköpfige Bettler-Kapelle aufgespielt: In grausamer Nachmittagshitze blies ein Beinloser die Trompete, seine achtjährige Tochter schlug die Trommel, auf der in roten Druckbuchstaben *Vom Schicksal vergessen* geschrieben stand, und ein sechsjähriger Bub rieb mit einem Holzstück über ein Instrument, das die Form eines Fisches hatte und wellig war wie ein Waschbrett, und machte damit im Rhythmus des Vaters und der Schwester Geräusche. Der alte O. warf ihnen alles Kleingeld, das er bei sich hatte, in den Korb, legte dann noch die Hälfte seiner Banknoten dazu. Sie lächelten ihn weder an, noch dankten sie ihm.

Der alte O. schwieg eine Weile, bevor er mir von den mexikanischen Stierkämpfen im tödlichen spanischen Stil zu erzählen begann. Statt der sechs Stiere, die man in der Hauptstadt zu töten pflegte, tötete man an der Bucht nur vier. An jenem Nachmittag, es herrschte tropische Januarhitze, wetteiferten zwei Toreros miteinander; sie wurden von ihren Brüdern, Vettern und der übrigen Verwandtschaft assistiert. Dem alten O. zufolge ist das ein einseitiges Vergnügen. Der Stier ist von dem Moment an, da er die Arena betritt, zum Tode verurteilt, und mag er noch so schlau, tapfer und geschickt sein. Der alte O. erinnerte sich an einen schwarzen Stier, dem der Torero den Rücken bis zur Lunge durchbohrt hatte; der Stier versprühte aus seinen Nüstern rubinrotes Blut, und als dann zwei große Maulesel das tote Tier fortgeschleppt hatten, mußten Bedienstete das Blut vom Sand der Arena kehren.

»Warum mögen das die Leute?« fragte ich. Das Tier, einst mächtiger als der Mensch, bekomme jetzt die Rechnung präsentiert. Das Tier zahle für seine einstigen Siege, der Mensch entschädige sich für seine einstigen Niederlagen. Solange über uns die Sterne leuchten, solange die Meere rauschen, solange die Winde wehen, wird nichts auf der Welt verjähren, sagte der alte O. Er erinnerte sich, daß er eine Eintrittskarte für einen Sitz auf der Schattenseite der Arena hatte, dritte Reihe Nummer 11. Der Torero verlor im Kampf mit dem schwarzen Stier seinen Schuh. Der Pikador, ein feister Kerl, der älteste Bruder des Toreros, stürzte vom Pferd, als der Stier es gerammt hatte. Der alte O. hatte sich im Hotel Galicia einquartiert. Jeden Morgen aß er in einer Kantine namens Hoffnung *menudo*, eine Kaldaunensuppe.

»Wie heißt Hoffnung auf spanisch?« fragte ich.

»Esperanza«, antwortete er. »Hörst du mir überhaupt zu?«

»Einiges klingt großartig«, sagte ich. »Kantine Hoffnung, Hotel Galicia, Vom Schicksal vergessen.«

Der alte O. hatte den Vulkan Popocatepetl mit dem verschneiten Gipfel gesehen, er war über den Staub der Lava gegangen, die der Vulkan ausgespien hatte und die längst erkaltet war. Er hatte in Mexiko vom Obst gegessen, von dem er jetzt nur noch träumen konnte, so wie er von seiner Arbeit träumte, von den verlorenen Gemälden, von den vertrockneten Farben. Das Essen in Mexiko hatte den alten O. nie enttäuscht. Und er verstummte wieder, und bis in den Morgen hörte ich kein einziges Wort mehr von ihm.

19. November. Fünfmal. Ein Herrenhemd aus Flanell. Schnürsenkel für hohe Schnürstiefel. Eine Trainingshose. Zwei Dutzend Damentaschentücher. Ein japanischer Fächer.

20. November. Einmal. Ein Viertel Roggenbrot. Dreimal. Dreißig Mark. Fünfundzwanzig Gramm Margarine. Eine Tüte Trockenzwiebeln.

21. November. Ludmila sagte mir erst im letzten Moment, daß sie die Einberufung zum Transport erhalten habe; und als Herr L. nicht kam und ich ihn auch nicht finden konnte, sah ich ein, daß Lídas Schicksal besiegelt war. Alles, was in meinem Leben geschehen war und was auch nur die geringste Bedeutung gehabt hatte, war langsam und unwiderruflich geschehen, so als hätte es keine Eile gehabt. Es war gekommen wie der Regen, der aus den Wolken fällt, oder wie die Flut nach dem Regen. Vielleicht ist alles auch viel schneller gekommen, so mag es wenigstens im Rückblick erscheinen. Ich konnte es beinahe beobachten, so wie man an einer Bahnstation auf den Zug wartet und ihn schon von weitem kommen sieht, zunächst als einen runden Punkt und dann in zunehmend klaren Umrissen. Und es ist buchstäblich immer wie ein Zug, der heranfährt, anhält, damit man einsteigen kann, und dann wieder abfährt.

Immer, wenn in meinem Leben etwas von unabwendbaren Folgen geschah, hat es – zumindest eine Zeitlang – meine

Fähigkeit gelähmt, zu begreifen, wieso es erst eine Minute, eine Stunde, eine Nacht oder ein paar Tage her war, daß es passierte. Bis ich mich so weit gefaßt hatte, um zu erkennen, daß etwas sein Ende und ein anderes seinen Anfang gefunden hatte; fast als hätte ich mir gewünscht, daß eine möglichst lange Zeit möglichst schnell vorübergehe, ein Monat, ein Jahr, zwei Jahre, selbst wenn ein derartiger Wunsch nichts anderes bedeutet, als dem eigenen Erlöschen näherzukommen, bildlich und in Wirklichkeit. Es ist wie ein Zug, der in steter Fahrt ist, in den man nur einsteigen, aus dem man aber niemals wieder aussteigen kann.

Mit Ludmila ist eines der letzten Mädchen weggefahren, mit denen ich von Anfang an hier war. Und erst jetzt, da ich weiß, daß sie nie wiederkommt, scheint mir, ich würde irgendwie begreifen, wer und was sie gewesen ist. Mir scheint, als hätte ich keinen Finger gerührt, um das zu verhindern. Hat denn nicht ein einziges Gramm auf der unsichtbaren Waage darauf hingewiesen, daß ich sogar auch froh gewesen bin? Und ich weiß nicht, warum.

Einmal. Hundert Gramm Puderzucker.

Nachts träumte ich außer von den Giraffen auch von der Ruhe. Die Sterne flogen in keilförmiger Formation wie die Wildgänse über den nächtlichen Himmel. Ich hörte mich im Traum sagen: Die Sterne fliegen in den Süden. Hier ist es ihnen zu kalt. Schau mal, sind sie nicht schön?

Nach dem Aufwachen wollte ich alles wieder herbeirufen, hörte aber in mir etwas wie ein Echo: Was werde ich tun? Was wird mit mir geschehen? Was wird mit uns allen geschehen? Herr L. sagt, daß uns die Welt schon längst nicht mehr brauche und daß kein Mensch einen anderen entbehre. War das immer schon so, oder ist es so nur mit uns? Ich fühle mich, als hätte ich ein Doppelleben geführt. Als habe jeder von denen, die ich kenne, wenigstens zwei Leben. Als hätte ich eine Seele wie ein U-Boot, das eine Menge verschiedenster Luftkammern hat.

Als hätte ich mehrere Seelen, für jeden Tag eine andere, und für jede Nacht; eine Seele für den Sonntag, eine für den Montag, eine Seele, wenn ich schlafe, eine Seele, wenn ich wache, eine, wenn ich alleine und eine, wenn ich mit jemandem zusammen bin. Als wäre mein Leben irgendein Theaterstück, in dem ich auftrete und zugleich mein eigener Zuschauer bin. Oder als wäre eines meiner beiden Leben ein Theaterstück, das von den verschiedensten Zuschauern gesehen wird, und das zweite, als würde ich da meine Rolle erst schreiben, meinen Auftritt in irgendeinem heimlichen, aber wirklichen und noch unaufgeführten Stück vorbereiten.

Zwei Jahre sind vergangen, seit wir nach Theresienstadt gekommen sind. Es war schön, solange wir alle beisammen waren, auch wenn es anderweitig nicht immer zum Besten stand. Hier zwei Jahre auszuharren ist wie anderswo fünfzig oder hundert Jahre zu leben, so vieles ist hier geschehen, so viele Menschen sind verschwunden, so viele Vorstellungen sind zunichte geworden.

Und dabei wissen wir alle, daß es dort, wohin die Transporte gehen, unvergleichlich schlimmer ist. Und so hat sich die Wahl zwischen dem, was gut und schlecht ist, auf die Wahl zwischen dem Schlechteren und dem Schlechtesten eingeengt.

Am schlimmsten sind die Tage, wenn zu den Transporten einberufen wird. Es genügt schon, nur zuzuhören, wie ein Beamter der Zentralevidenz die Nummern und Namen von Menschen, Blöcken und Ubikationen ausruft. Mir ist, als würde ich zusammenschrumpfen, als wäre ich kleiner als das kleinste Insekt und würde nur warten, ob es mein Name sei, den der Beamte als nächsten lesen und ausrufen wird. Und dann kommt die Erlösung, als käme man aus frostiger Kälte in einen warmen Raum, aus der Hölle in eine Art unermeßliche Sicherheit, daß es diesmal nicht ich gewesen bin, sondern der Name meines Nachbarn, Freundes, Feindes, der von Mutter, Vater, Bruder, Schwester.

Sind wir wirklich alle gleich, wie Herr L. behauptet? Vielleicht bin nur ich derart verdorben, daß mich diese klammheimliche Seligkeit durchdringt, noch einmal davongekommen zu sein, Glück zu haben mitten in all diesem Elend, glücklich zu sein inmitten all des Unglücks der anderen?

Woher habe ich das? Wer hat es in mich gegossen? Wo habe ich es aufgelesen? Könnte ich es irgendwie loswerden, wenn ich wirklich wollte? Geht denn das Maß nicht verloren, von dem Herr L. gesprochen hat?

Hundertmal lieber wäre ich eine der Giraffen, von denen ich nachts geträumt habe, oder ein toter Stern, der wie eine Wildgans aussieht und südwärts fliegt. Und dennoch habe ich gehört, daß Leute ihre Transportnummern tauschten, jemandem zuliebe, an dem ihnen lag. Ich selbst kenne den Fall eines Vaters, der um den Preis, daß seine beiden kleinen Töchter hierbleiben durften, und weil deren Mama an irgendeiner Drüsenentzündung in der Achselhöhle schon gestorben war, mit dem Transport gefahren ist. Ich weiß von einem Sohn, der gefahren ist, damit seine Mama, die schon über siebzig Jahre war und mit einem Bein im Grabe stand, hierbleiben durfte.

Ist es so, wie Herr L. behauptet, daß man zwar die Bedingungen ändern kann, unter denen der Mensch lebt, nicht aber das menschliche Wesen? Bis zu welchem Grad kann mein Egoismus wachsen, bevor er in etwas völlig anderes umschlägt?

Ich bin abscheulich, weil ich glücklich bin, daß ich lebe, obwohl ich genau weiß, wie den Betroffenen zumute ist, die man ausgesucht hat und die nun fahren müssen. Und dennoch bin ich froh, will leben.

Herr L. sagt, daß es die unbefleckte deutsche Welt sei, vor der alle so lange zurückgewichen sind, da sie so groß schien und immer stärker wurde und noch wird, daß es diese Welt sei, die alles und alle verschlingen wird, buchstäblich alles und alle, daß sich in ihrer Seele unsere Angst zu ihrer Kraft verwandelt. Es ist in der Tat eine Welt, die auf Angst errichtet ist, auf Ohnmacht, nicht auf Hoffnung. Was für eine Zukunft kann eine Welt haben, in der es genügt, einige Zentimeter Staub wegzuwischen, um die Angst zu sehen, zu hören und zu fühlen, die größte Angst, die je ein Mensch vor einem Menschen hatte?

Am Abend werde ich auf den Stadtplatz gehen, wo Fritz Weiß mit seiner Kapelle spielt. Wenn ich sie spielen und singen höre, fürchte ich mich nicht so wie in der Frühe, da ich aufwache. Herr L. sagt, daß die hiesigen *Gettoswingers* ein ordentliches Niveau hätten und sich auch in New York sehen lassen könnten, wenn es darauf ankäme. Aber auch die *Promenade*, eine Kapelle, für die Herr Carlo Taube verantwortlich zeichnet, ist nicht schlecht. Mit Musik, einschließlich der vom *Cafétrio* im Kaffeehaus neben dem Stadtplatz, mag ich eher daran glauben, daß letztendlich alles gut wird.

Herr L. beneidete fast den Fliegeroffizier. Er hielt ihn für einen perfekten deutschen Soldaten. In der Nacht hatte ich Fieber.

Ich denke an Lída. Ich denke darüber nach, was passieren würde, wenn ich mich in, sagen wir mal von heute an, vierzehn Tagen, genau zu Mittag, nur auf sie konzentrierte? Könnte sie meine Gedanken empfangen, so wie eine Funkanlage ihre Signale sendet und eine andere sie empfängt? Würde es ihre Gedanken unterbrechen, wenn sie über etwas nachdächte, ihren Schlaf, wenn sie schliefe, ihre Rede, wenn sie gerade mit jemandem spräche? Würde es ihr bis in das Grab folgen, falls sie schon gestorben wäre?

Ich möchte sie wärmen, wenn Gedanken wärmen könnten, sie füttern, wenn sie sättigen könnten, sie wieder zum Leben erwecken, wenn man sie schon getötet hätte. Ich bin wahrscheinlich nicht die einzige, die derartige Ideen hat. Und dennoch weiß ich, daß sich nichts, aber auch gar nichts ändern läßt und daß auch meine Gedanken nur Echo des allergrößten Aufschreis sein werden, der mit jeder Sekunde schwächer wird. Und am Ende werde ich sie vergessen haben oder mich nur gelegentlich erinnern.

Zweimal. Ein Achtel Roggenbrot. Fünf Mark. Dreimal. Eine Schachtel Toilettenseife. Ein Kaschmirtuch. Fünf Mark.

II

Mit meinen Träumen hatte ich meistens Schwierigkeiten, genauso, wie mir die überragende Bedeutung des Körpers schon seit meinem dreizehnten Lebensjahr nahezu alles verstellt. Das geht weit zurück, bis auf Frau Erna V. aus unserem Haus. Ich war noch klein, und wir lebten noch in Prag, so daß sie in der Rückschau aus unserer Wohnung weder Blumentöpfe noch Sessel und Mamas Toilettentisch hinausträgt, sondern im Gegenteil getrocknetes Gemüse bringt, Karamellen aus gekochter Milch und Zucker sowie kleine Köfferchen, in die jeder von uns viel hineintun kann, ohne das erlaubte Höchstgewicht von fünfzig Kilo pro Person zu überschreiten. Sie schaut Papa an, als bedaure sie, daß wir nicht allein mit Mama fahren, und weint; doch ich weiß nicht, wie viele der Tränen dem Bedauern gelten, den Papa nie wieder so nahe bei sich zu haben, um weiter an dem zu schmieden, was sie bis dahin geschmiedet hat, und wie viele dem Rest. Sie ist vierzig und schön.

Manche Träume erinnern mich daran, wie sehr ich mich liebe und wie ich mich manchmal hasse, ohne zu wissen, warum. Vielleicht ist das, was ich an mir am meisten mag, in Wirklichkeit die Erinnerung an ein kleines Mädchen, das ich mal gewesen bin.

Bis zu meinem dreizehnten Lebensjahr träumte ich ständig irgend etwas Schreckliches, und selbst wenn ich meine Träume vergessen hatte – das Gefühl der Beklommenheit blieb, bis es seinen Platz dem nächsten Traum räumte.

Ich konnte Ludmila, als sie herausbekam, daß ich nicht

mehr »original« war, wie man es im Mädchenheim an der L 410 zu umschreiben begann, überzeugen, daß es mit mir besser sei. Wem sollte es auch Spaß machen, mit vierzehnjährigen Buben Domino zu spielen? Ich begann bessere Träume zu haben, begann von wilden Pferden auf einer offenen Wiese zu träumen. Ich sagte all jenen Gefühlen ade; als wäre der Mensch ein Ganzes und zugleich unvollständig. Statt der Ruhe wuchs in mir der Verdacht, daß all diese gepriesene Unberührtheit nur ein Gefängnis sei. Ich fragte mich, wozu die ganze Reinheit, wenn das einzige Ergebnis nur Abgeschiedenheit und Trauer ist?

Und als Lída wissen wollte, wie es gewesen sei, konnte ich ihr antworten, es sei, als beobachte man, wie ein Ei zerschlagen wird – man selbst – und wie man aus der Schale fließt und sich an den Innenwänden festzuhalten sucht wie irgend so eine Gelatine.

Es erscheint mir jetzt schrecklich weit, zu dem Augenblick zurückzukehren, da ich zum ersten Mal meinen Körper gespürt habe. Immer schon war er mir eher ein Quell des Erstaunens. Sich selbst zu berühren hieß etwas zu berühren, das womöglich nicht mal völlig mir gehörte. Ich erinnere mich an meine kleinen, knochigen Hände und Finger, die irgend etwas suchen, und wie zögernd sie es suchen. Immerzu fragte ich mich: Gehört das mir? Gehören diese Brüste mir? Warum hat eine Frau das, was sie hat, und wieso hat ein Mann, was ihn zum Mann macht? Wäre ich jemand anderes, wenn ich es nicht hätte? Und dann sah ich meinen Körper als etwas an, das mir Freude und dem ich Freude bereiten werde. Ich stellte Sachen an, die ich nicht verstand, und mein Körper stellte Sachen an, die wiederum ich nicht verstand. Es brauchte lange, bis wir Freunde wurden, mein Körper und mein Denken. Ich möchte mal den Moment hervorholen, da wir – mein Körper und mein Kopf – begriffen hatten, mit unseren unlogischen, vielleicht aber auch notwendigen Bedürfnissen etwas anzufangen. Der erste Widerspruch lag darin, daß, als mein Körper schon fertig schien, fast schon in der Lage, Kinder zu bekommen, es im Kopf noch lange nicht soweit war. Hinzu kam der sehnsüchtige Wunsch, jemanden zu lieben, oft einen Mann, den ich gar nicht gernhaben könnte. Ganz besonders war da eine unklare, wundervolle Sehnsucht, die mich traurig, aber angenehm traurig stimmte. Ich wußte, daß ich meinen Körper und mein Gehirn miteinander in Einklang bringen mußte, bevor ich mir zur Abwechslung den Kopf darüber zerbrach, wie ich wohl in den Augen der anderen aussah. Aber irgend etwas sagte mir, daß wir uns selbst würden genügen müssen, mein Körper und ich.

Mama ließ Papa nicht zu mir, wenn ich mich wusch oder wenn sie mir half, mich zu waschen, schon seit meinem zwölften Lebensjahr nicht. Ohne es gesagt zu haben, dachte sie wohl, daß es ausschließlich den Geliebten und Ehegatten zustehe, Töchter wie mich im Badezimmer zu sehen, nicht aber den Vätern. Vielleicht ist das einer der Gründe, warum Väter in ihren schwachen Stunden vor ihren Töchtern mit ehemaligen oder erdachten Geliebten angeben. Es gibt wohl von Anfang an nur eine einzige Freiheit, die man sich nahezu uneingeschränkt erlauben darf, die im eigenen Gehirn. Das schließt selbst die seltsamsten Dinge mit ein. Es ist eine Freiheit, die es kaum ertragen würde, eine Stimme zu haben, und wenn sie eine hätte, dann nicht die der Mitteilung.

Es war natürlich nicht mehr so einfach, wie nach den Schlittschuhen zu greifen, übers Eis zu laufen oder sich im Sommer den Badeanzug zu nehmen und ins Gelbbad zu gehen. Ich wurde manchmal nervös, wenn mich einer berühren wollte. Ich geriet in Wut, inwendig, und ging in Wartestellung.

Ich habe den Verdacht, daß das wegen einiger Dinge so war, die geschahen, als ich noch so klein war, daß die Eltern vor mir nicht verheimlichten, was sie später zu verdecken suchten. Aber es war eine Art Nervosität, die auch später nicht völlig verschwinden sollte, wenn ich mit irgendeinem

Jungen zusammen war. Im Geiste sehe ich Mama vor mir, wie sie sich duckte, wenn Papa sie berühren wollte, wie ein Mann eine Frau berührt, und sie nicht in Stimmung war. Einmal war ich etwas früher als sonst zu Bett gegangen, und der Rest der Familie blieb in der Küche. Mama ging dann auch bald ins Bett. Papa kam ihr nach, beugte sich über sie und begann mit drängender, tiefer Stimme auf sie einzureden, so wie das Erwachsene in einem solchen Augenblick tun. Mama würde wohl nachträglich noch einmal sterben, wenn sie wüßte, daß ich darüber nachdenke, daß ich davon weiß und daß ich darüber sogar schreibe, die Ärmste. Mama antwortete auf seine Worte: »Nein, nein, du bist widerlich, laß mich in Ruh!« Papa sagte wieder etwas, und Mama wiederholte: »Geh weg!« Ich weiß nicht, was Papa getan haben muß, denn plötzlich sprang Mama vom Bett auf und ging in das Zimmer, wo meine Schwester und mein Bruder schliefen. Ich hörte alles durch die Wand. Mama schlug die Tür hinter sich zu, und Papa mußte, um in die Küche zu gelangen, durch den Raum, in dem ich schlief. Und wieder hörte ich Mama, wie sie wiederholte: »Nein, ich habe dir schon einmal gesagt, daß das nicht in Frage kommt.« Und dann wieder: »Du bist geschmacklos. Du bist mir widerlich! Geh und laß mich! Geh weg! Du solltest dich schämen. Ich werde die Kinder wekken!« Sie rangen miteinander. Mama rutschte über den Tisch. Papa sagte etwas Spöttisches. Und ging dann weg. Einige Tage lang mied Mama das gemeinsame Ehebett. Vielleicht hätte ich es schon damals verstehen sollen, aber ich verstand gar nichts. Jetzt vermag ich vielleicht nachträglich noch alles so zusammenzufügen, daß ein Bild daraus wird, das weder für Mama noch für Papa ehrenrührig ist. Ich weiß, daß meine Eltern nicht für alle Männer und Frauen stehen, und doch bedeuten sie, was Frauen und Männer anbelangt, zugleich alles. Damals war ich entsetzt. Ich haßte Mama, weil sie Papa nicht mochte. Ich dachte, daß ich nach ihm geraten sei. Und daß ich damit Schwierigkeiten haben würde, so wie sie Papa mit Mama hatte. So konnte ich es zuerst nicht erwarten und wurde dann nahezu kalt, als wäre es etwas, das ich tue, weil Mama es getan hat.

Aber die Träume von wilden Pferden auf offenen Wiesen, auf frischem, hellgrünem Gras im Sommer, und im Winter auf dem Schnee, der von den Hufen spritzt, verdrängten meine Alpträume. Ludmila sagte ich, daß mich das, wonach sie gefragt habe, zum ersten Mal im Bad getroffen habe. Und beides, die Träume von den Pferden und vom Baden, geht bei mir ineinander über. Ich erinnere mich, daß ich als kleines Mädchen mal in einem Buch las, daß der Traum von einem Pferd etwas ganz anderes bedeute. Damals klapperten wir alle möglichen Leute ab und fragten Tanten, Mütter, Bekannte und schließlich sogar Lehrerinnen, ob sie auch schon mal davon geträumt hätten, auf einem Pferd zu reiten. Fast alle, die wir befragten, hatten davon geträumt. Aber keine wußte, was es bedeutete. Wir fühlten uns enorm erfahren und kicherten insgeheim. Wir wußten genau, was sie trieben.

Pferde, Wiesen, sonnige Berghänge, und dann kamen geträumte Kämpfe hinzu, ausgetragen von den Jungs aus der Schule und von unbekannten jungen Männern aus Büchern, Zeitungen und Filmen, unter schwierigsten Umständen und allein meinetwegen. An einem dünnen Seil ließen sie sich von hohen Felsen herab, nur um mich sehen, mir einen Handkuß zuwerfen und dann wieder davoneilen zu können, über tiefe, schwindelerregende Schluchten hinweg.

Während der folgenden Traumetappe machte ich vor meinen eigenen Augen eine Wandlung nach der anderen durch und erlangte so mein verlorenes Gleichgewicht wieder, da ich im einen Moment glücklich und innerhalb der nächsten Sekunde genauso unglücklich sein konnte, ohne Grund. Deshalb konnte ich auch verstehen, wenn Ludmila oder Milena wie aus heiterem Himmel zu weinen begannen.

Ich weiß nicht, ob es die Träume sind, aber ich weiß, daß Kräfte in mir schlummern, die ich noch nicht genutzt habe, mit deren Hilfe man aber durchaus etwas erreichen kann. Ich erinnere mich, daß ich bis zu meinem dreizehnten Lebensjahr oft Ähnliches fühlte, in jener Zeit, wo, wie Mama es anzudeuten pflegte, aus einem Kind eine Frau wird.

Manchmal empfinde ich meinen Körper als ein Feuer, das nicht zu löschen ist. Zum Glück ist es ein unsichtbares Feuer, und es verbrennt auch nur unerforschliche Dinge. Manchmal ist so viel Energie in mir, und ich kann nicht verstehen, woher sie kommt, denn selbst wenn ich noch mehr Leute kennen würde als Herrn L. und den kleinen Rabbi B., der schon seit einer Woche zu mir kommt, oder den zigeunerjüdischen Mischling Laszlo Berkovič, die sich alle darum kümmern, daß ich nicht Hunger leide, ich könnte nicht behaupten, an den sieben Tagen der Woche so satt zu werden, wie ich es möchte oder brauche.

Es ist eine andere Art Spannung, irgendeine Energie, die anders ist als alle, die ich kenne. Herr L. sagte mir darauf, ich sei hungrig. Gut, ich bin hungrig, natürlich, jeder ist hier hungrig. Aber es ist nicht die Art Hunger, die einen verläßt, wenn man ein Stück Brot ißt. Und da Herr L. und ich selbst wissen, was es mit einigen Dingen auf sich hat, ist auch sein kleiner, einfacher Satz, ich sei hungrig, in Wirklichkeit bei weitem nicht so einfach.

28. November. Einmal. Fünfzig Gramm Puderzucker. In der Nacht fünfmal. Zweihundert Gramm Brotmehl. Ein Briefmarkenalbum. Ein Nähsatz mit einer Spule schwarzen und braunen Garns. Fünfzehn Mark. Zweimal. Ein deutschtschechisches Langenscheidt-Wörterbuch. Herrentaschentücher.

29. November. Ich sah den deutschen Fliegeroffizier auf dem Gelände vor dem Haus des hiesigen Kommandanten auf einem Pferd umherreiten; sein Mantel flatterte im Wind. Dann schloß sich ihm die Ehefrau des Kommandanten an. Sie ritten beide auf kräftigen Schimmeln, ritten zwar nicht sonderlich schnell, aber es sah gut aus. Ich sehe also, daß er noch da ist.

Als er das letzte Mal bei mir war, erzählte er mir von seiner Inspektionsreise durch die besetzten Teile Jugoslawiens, wo ihm die Einheimischen einen Korb voller Fischaugen gebracht hatten, das heißt, er hatte gedacht, es seien Fischaugen – bis er eines Besseren belehrt wurde.

Er lächelte und fügte hinzu, daß man ihm im gleichen Korb Pfirsiche und bosnische Pflaumen gebracht habe. Ich weiß, daß er mir so etwas sagt, wie um mich und zugleich sich selbst zu prüfen, und zwar dann, wenn es um etwas geht, was man als Scham bezeichnen könnte.

Nach einer Weile ritten sie in Richtung der Berge, auf die Kleine Festung zu, und für einen Moment konnte ich die Frau Major sehen, die Wangen gerötet, vollbusig, gut genährt und in einem schönen Pelz. Der Offizier trug seinen Degen und statt des Schiffchens eine Pelzmütze.

Als sie zurückkamen, war es noch hell, und ich sah, daß er beide Pferde führte. Sein Gesicht war vom Ritt an der frischen Luft gerötet; man sah ihren Atem, und die Frau Major strich ihre rötlichen Haare zurecht. Der Pilot war galant ihr gegenüber, und Frau Major wußte es zu schätzen.

Einmal. Ein Achtel Roggenbrot. Zweimal. Acht Mark. Fünfundzwanzig Gramm Margarine.

Ludmila sagte: »Wir sind alle Egoisten. Schreckliche Egoisten.«

»Letztlich ist jeder ein Egoist«, gab ich ihr recht. »Ich müßte ja bei dem Gedanken, daß dir der Egoismus völlig fremd sei, annehmen, du seist ein Narr. Es geht darum, wo die Grenze eines jeden Egoismus ist.«

»Was willst du damit sagen?« fragte Ludmila.

»Ich kannte einen Menschen, der viel über so was nachgedacht hat. Herrn L. G. Er schrieb sich täglich seine eigenen zehn Gebote. Den Mund hatte er voll Freundschaft, doch wenn er mal etwas bekam, behielt er es für sich. Er sagte immer: Meine Schwestern und Brüder, meine Damen und

Herrn, wir sind alle Drecksäcke. Aber wir müssen unsere Grenzen kennen.«

30. November. Beschreibe ich das Geräusch einer zuschlagenden Tür, also etwas, das gerade passiert und noch genauso nahe ist wie das Echo der Absätze, die über die Stiegen klappern, muß ich immer und immer wieder feststellen, daß es inzwischen bereits etwas anderes ist. Und auch wenn es keine Lüge ist, sondern nur das, was passierte, ich muß Wörter hinzufügen und streichen, und nur manchmal habe ich den Eindruck, daß im Gegensätzlichen mehr Wahrheit enthalten ist, als wenn ich alle Worte, die ich kenne, auf einen Haufen zusammentragen würde. Ich habe mich gefragt, ob die Wahrheit in dem steckt, was passiert ist, im Gefühl des Menschen, warum es passiert ist, und was geschehen müsse, weil es passiert ist.

Es ist eines der vielen Dinge, die nur unter der Oberfläche lebendig sind und die nur jene verstehen, die von der Situation umgeben sind wie der Fisch vom Wasser. Es ist wohl schwer, vielleicht sogar unmöglich, dies durch Erzählen oder Niederschreiben so zu übertragen, daß es diejenigen, die es nur mittelbar erfahren, wenigstens ungefähr verstehen. Zu jenen aber, denen man es nur vermittelt, werde auch ich bald gehören. Vieles, was erst gestern geschehen ist, ist heute nahezu unverständlich. Wie ein Aufschrei, der erklingt, leiser wird und dann verschwindet. Als wenn ich mit jemandem spreche, der wie ich aus Prag ist, und ein anderer steht dabei, der aus Berlin kommt und dem so vieles entgeht, als verstünde er nur die Worte, indessen nicht ein Zehntel von dem, was sie ausdrücken.

Zugleich damit fragte ich mich, wodurch der Mensch wohl erwachsen wird? Wo liegt die Grenze der Kindheit, hinter der das Erwachsensein beginnt? Gewiß ist sie nicht nur Kopf, Körper und Alter, auch wenn sie aus Kopf, Körper und Alter besteht. Ludmila meinte mal, daß man vielleicht durch eine Reihe von Mißgeschicken erwachsen werde. Es ist wie Rabbi B. mir sagte, daß jeder, der im November 1943 noch lebe, auf Kosten eines anderen lebe, ohne Rücksicht darauf, in welchem Lager, Gefängnis oder auch freien Land er lebe, und auch dann, wenn er selbst es noch nicht genügend begriffen habe.

Zu ähnlichen Debatten kam es auch zwischen mir und Herrn L., als meine Eltern weggefahren waren. Er behauptete, daß nur überalterte Leute führen, obwohl Papa kaum vierzig gewesen war. Dann fragte er mich, ob er mich schon mal belogen habe, und mußte lachen, als ich ihm antwortete, daß alles viel schlimmer sei, wenn er nicht lüge.

Es hat vielerlei Vorteile, sich der Geduld des Papiers anzuvertrauen, auch wenn das nur einseitig ist. Ich erinnere mich, daß Harýček Geduld mal nachts in ein deutsches Lagerhaus mit beschlagnahmten Büchern eingedrungen war, um einen Band herauszusuchen, dessen Titel er samt dem Namen des Autors auf einem Notizblatt stehen hatte, weil er von dem Mann, der das Buch haben wollte, Fleisch bekommen sollte. Der Mann arbeitete damals im Schlachthaus.

Er liebte zu jener Zeit Diana, ein Mädchen, mit dem ich bekannt war. Wir hatten sie »von Dubai« genannt. Sie war schön wie eine der Abbildungen, die auf Kreidepapier Film- und Theaterstars zeigten, mit kleinen Brüsten und dem ebenmäßigsten Gesicht, das ich je gesehen hatte. Sie war schlank, hatte ein schönes Lachen und las viel. Sie trug eine Bluse aus blauweißem Frottee, wie es Sommer 1943 Mode war.

Der Fleischer hieß Josef Reinisch, und wie engelhaft sie auch sonst beide ausgesehen haben mochten, sie erschienen häufig zerkratzt auf der Straße, Diana mit geschwollenen Augen und ihr Geliebter mit Wunden, die von ihren Bissen zeugten.

Dennoch war es eine große Liebe, und Milena und alle Mädchen aus der L 410 sprachen voller Neid und Bewunderung von ihnen, was ich gut verstehen konnte.

Ich wußte es noch am gleichen Abend, daß er sich an Harýček Geduld gewandt hatte, der im Ruf eines belesenen Menschen und zugleich in dem eines Diebes stand. Sie wollten, daß er ihnen den ›Kaufmann von Venedig‹ besorge, und er sollte dafür ein gut gewogenes Pfund Rindergulasch bekommen. Ich will nicht sagen, wer den Namen des Autors als erster kannte, aber ich weiß, daß Harýček bis zum Morgen Hunderte von Bänden durchsehen mußte, bevor er auf William Shakespeare stieß.

Tags darauf brachte Erna H. dem Reinisch, ohne daß es ihm jemand gesagt und ohne daß es jemand von ihm verlangt hätte, einen Rucksack mit sechzehn Bänden, an denen dort schon die Mäuse genagt hatten, damit es nicht hieß, er sei schlechter als Harýček Geduld. Reinisch war enttäuscht darüber, wie schäbig und verstaubt die Bücher aussahen.

Diana von Dubai ist schon weg, und auch Josef Reinisch ist schon gefahren. Irgend jemand hat gesagt, daß ein Auto ihn überfahren habe, noch ehe er am Zielort ankam.

Herr L. sagte mir, ich sähe, wenn ich schlafe, engelrein aus, sehr sauber im Gesicht und mit einem gelockerten Körper, so als ruhe irgendwo im Moos ein Reh. Mir fiel ein, daß es mit dem Blick eines Menschen ist, als betrachte er den anderen durch einen unsichtbaren Spiegel und spiegle sich zugleich darin selbst.

Dann gratulierte er mir zu meinem siebzehnten Geburtstag, und ich hatte, wie schon so oft, den Eindruck, als umarme er mich wie eines seiner beiden verlorenen Kinder. Er hielt es aus, stundenlang neben meiner Matratze auf einem kleinen Kissen zu sitzen und auf mein Erwachen zu warten. Vielleicht hatte ich es schon im Schlaf gespürt, daß er mich anschaute. Vielleicht hatte er mich gestreichelt, in Wirklichkeit oder im Geist, und ich empfand seinen Blick wie eine Berührung. Mir fiel ein, daß Herr L. dreimal so alt war wie ich. Obwohl er zurückhaltend mit Komplimenten ist, sagte er mir, daß ich nicht nur vielleicht das letzte sei, was er im Leben habe, sondern gewiß auch das Schönste. Das

Schlimmste daran ist, daß es gar nicht danach klang, als habe er gelogen. Einmal wollte er von mir, daß ich unter Umständen, unter denen ich meistens vorsichtig bin, einschlafen solle.

Schon längst habe ich es aufgegeben, abzuschätzen, was Herr L. machen wird und was nicht, wie lange er noch bei mir wird vorbeikommen wollen und wann er dessen überdrüssig sein wird. Immer habe ich mich verrechnet. Selbst die vielen Male, als ich nahezu sicher war, daß er nicht kommen werde, tauchte er wieder auf.

Manchmal spielt er den Nostradamus, einen konvertierten Juden, der so lange prophezeite, daß die Welt von kopflosen Idioten regiert werde, bis es geschah, wenn auch vielleicht nicht nur seinetwegen. Doch Herr L. vermerkte hierzu, daß Nostradamus sich geirrt habe, daß kopflos im Gegenteil die Vernünftigen sein werden. Ich erinnere mich nicht mehr, ob das in vierhundert Jahren sein sollte oder vor vierhundert Jahren.

Einmal hat mir Herr L. versprochen, daß er, sollte es auch noch so schnell gehen, falls er mal wegfahren sollte, nicht vergessen werde, meine Karte aus der Zentralevidenz zu holen. Dann könne ich mit ihr verfahren, wie ich es für richtig halte.

Er muß doch wohl wissen, daß jede lebende Leiche sich allenfalls achtundvierzig Stunden unsichtbar halten kann, denn innerhalb von zwei bis drei Tagen muß die Anzahl derer, die in Theresienstadt bleiben, bis ins letzte mit der Anzahl jener, die abgefahren sind, übereinstimmen. Und jede Volkszählung geht nach Räumen, Baracken, Blöcken und Straßen, so daß die Zentralkartothek das erste ist, was ergänzt wird. Ich habe mich schon so an seine Anwesenheit gewöhnt, daß er mir fehlt, wenn er nicht kommt. Ich kann bei ihm nur ohne weiteres erkennen, wann er gehen will, und weniger, weshalb genau er kommt. Mir genügt ein Blick, ein Wort, ein Seufzer von ihm. Wenn er sich angemeldet hat und lange nicht kommt, hoffe ich, daß man ihn bei der Leitung nicht allzu lange beschäftigen möge. Manchmal machen sich die Offiziere einen Spaß daraus, Leute ohne Passierschein auf der Straße einzufangen und sie in die Kleine Festung zu bringen. Aus der Kleinen Festung ist noch nie einer zurückgekehrt. Aber Herr L. ist der erste, der sagt, daß wir für alles in der Welt bezahlen müßten und daß letztendlich keiner von denen, die keinen Finger rühren, bekomme, wonach es ihn gelüste.

»Ich hoffe, daß du mir verzeihst, was ich dir verdorben habe«, sagt er.

»Ich glaube nicht, daß Sie mir mehr verdorben haben, als man sich selbst verderben kann«, sagte ich.

»Wir kommen am Ende allen Geschmäckern auf den Geschmack«, lächelte er.

Dann, während die Rede von den Offizieren auf der Kommandantur war, begann er von dem Luftwaffenoffizier zu sprechen, der in seinem privaten Eindecker angeflogen komme und dann wieder an die Front zurückkehre, ganz nach dem Vorbild Reinhard Heydrichs, des Polizeichefs von Prag, der, ehe man ihn tötete, dadurch jede Erwähnung seiner jüdischen Großmutter Sara hatte tilgen wollen, daß er alle Aufschriften auf ihrem Grab hatte beseitigen lassen. Auf dem Großgrundbesitz seiner Witwe Lina Heydrich arbeiten Gruppen von jungen Männern aus den hiesigen Arbeitseinheiten.

Ich glaube, daß ich bei Erwähnung des Fliegeroffiziers rot geworden bin, und ich weiß nicht, ob es Herrn L. auffiel.

»Ich habe ihn mal gesehen, wie er auf einem Pferd zum Kasino geritten kam und das Pferd an einem Baum im Park vor dem Springbrunnen angebunden stehen ließ«, sagte ich.

»Sie sind wie Bäume, die bis in den Himmel wachsen«, sagte Herr L.

Ich war froh, daß der Fliegeroffizier mit keinem Wort mehr erwähnt wurde. Erst später, als auch Herr L. gefahren und spurlos verschwunden war, fiel mir ein, daß seine Anspielung vielleicht einen Hinweis für mich enthalten haben könnte, Kontakt aufzunehmen oder, andernfalls, einen Austausch einzuleiten von der Art, wie ihn Herr L. einem der Offiziere der Kommandantur versprochen hatte, wonach nach dem Krieg der Ältestenrat ihm für jede nachweislich bessere Behandlung der Bevölkerung ein unzweideutiges Gutachten geben werde. Zwischendurch sah ich den Fliegeroffizier in einem Husarenmantel, und dann war er hier und erzählte mir von Einrichtungen im Osten, wie mir noch keiner von ihnen erzählt hatte, und er konnte nicht verstehen, wie ich ihm zuhören konnte, ohne mit der Wimper zu zukken. Herr L. hatte mir oft, ehe er wegfuhr, nicht nur von seiner Familie, sondern auch von seinen Geliebten erzählt, die ihm, je näher er seinem Ende war, gleichsam aus der verlorenen Vergangenheit aufstiegen, als sollte einem am Ende nichts von dem verlorengehen, was man gehabt, erlebt, gesehen, gehört und was man berührt hat – in jederlei Hinsicht.

Manche Menschen sind schön. Es ist nicht nur das Ebenmäßige im Gesicht, es sind nicht nur die Augen, die Frisur, die Nase oder der Mund, ist nicht die schön gewachsene Gestalt oder die Kunst, gut auszusehen. Es ist in den Menschen, in dem, wer und was sie sind und wie es auf die anderen wirkt. Ich habe das Glück, manchen Menschen bevorzugt zu begegnen. Es ist irgend etwas, das gut in ihnen ist, würde ich sagen. Das geht nie verloren. Das geht nicht einmal unter brutalsten Umständen verloren. Im Gegenteil, unter derartigen Umständen sticht es nur hervor.

In den Transport, mit dem Herr L. fuhr, hatte man auch einen prominenten Häftling der Kommandantur eingereiht, den deutschen Sportler Fredy Hirsch. Er war einer der ersten, der nicht zu verbergen suchte, daß ihn mehr das gleiche als das andere Geschlecht interessiere. Er war einer der besten und auch einer der schönsten Männer. Ein paar Mädchen hatten sich um ihn bemüht, in einer Hinsicht vergeblich, obwohl er als Gesellschafter immer eine Unterhaltung wert war. Er sah genauso aus, wie sich die Deutschen den idealen nordischen Menschen vorstellen, nur daß er einen dunklen

Teint hatte und schwarzes, lockiges Haar. Er hatte es immer verstanden, sich Brillantine zu beschaffen.

Ich habe ihn gesehen, wie er in den Waggon stieg, bevor dieser verplombt wurde, unrasiert, aber aufrecht, fähig, nicht nur irgendeine Sportlergruppe anzuführen, sondern ganz Berlin, wo er geboren war, anzuzünden, Seine Haare waren noch welliger geworden, weil er keine Brillantine hatte.

Für viele Menschen ist das Leben Gehen auf einem Seil, das über einer Schlucht aufgespannt ist. Einige schreiten darüber hinweg – mit einer Stange in der Hand oder ohne Stange –, beinahe lächelnd, andere mit zusammengebissenen Zähnen. Manch einer lächelt sogar noch, wenn er fällt. Oder er fällt zumindest, ohne zu schreien.

So einer, würde ich sagen, war in diesem Moment Fredy Hirsch. Vielleicht sagte er sich, daß er den Deutschen nicht die Freude machen werde, mit einem so schönen Körper und einem so hübschen Gesicht wie ein Wrack auszusehen. Es ist etwa wie bei den Jungs auf der Sechzehn, die Karten spielen und die, selbst wenn sie ihre Zuteilung an Brot und Suppe für drei Tage hintereinander verlieren würden, nie, um nichts auf der Welt, mit einer Wimper zucken würden.

Mir fiel ein, daß Fredy Hirsch aus Deutschland war und sich vielleicht schämte, und das nicht nur um seiner selbst willen. Er sagte, daß er, falls er zurückkäme, in Prag leben wolle, nicht in Deutschland.

Einmal sprach Herr L. darüber, wie wir uns in einer Kunst perfektionieren, über die man lieber nicht viel spricht, obgleich jeder ein Stück Zeit dafür erübrigt. Er meinte die Kunst des Sterbens. Die Kunst des Verlierens stand auf der Bestsellerliste des Herrn L. wohl gleich darunter.

Mir fiel ein, wie es war, als ich versäumt hatte, Herrn L. rechtzeitig nach einer Möglichkeit zu fragen, etwas für Lída zu tun, nachdem ich erfahren hatte, daß sie in einem Osttransport sei. Ludmila fuhr als eine Erwachsene fort, dank

Harýček Geduld, und weil wir die letzte Nacht vor ihrer Abfahrt im großen Zimmer von Harýček Geduld an der L 217 so verbracht hatten, wie wir sie verbrachten.

1. Dezember. Einmal. Ein Sechzehntel Roggenbrot. Fünfmal. Zehn Mark. Ein Kugelgestell zum Rechnen. Ein Herrenwintermantel aus Gromby. Fünfzig Gramm Reis. Sieben Mark.

2. Dezember. Einmal. Eine Schnitte Brot mit Margarine und Zucker darauf.

3. Dezember. Zweimal. Herrenhandschuhe aus Leder. Ein Skistock.

4. Dezember. Meine erste Erinnerung im Leben zerrinnt. Ich sehe ein schwarz-graues Bild an der Wand, an der der Länge nach mein erstes Kinderbett stand. Ich schlief zusammen mit meinem Bruder und meiner Schwester. In der Wand war ein Fenster. Durch das Fenster konnte man nicht auf die Straße, sondern ins Wohnzimmer sehen, von dem zwei Fenster zur Straße hinausgingen. Die Straße hieß Königstraße, und ich erinnere mich, wie stolz ich auf den Namen unserer Straße war.

Ich kann mich nicht mehr an die ganze Wand erinnern, aber ich sehe das Wohnzimmer. Nur selten sehe ich in meiner Erinnerung mein Bett oder die Schwester oder den Bruder oder mich selbst. Ich kann nur das sehen, was durch das Fenster in der Wand zu sehen war, bis zu den Fenstern zur Straße hin, und was dazwischen war, und dann erst wieder, was sich auf der Straße gegenüber befand, wieder nur Fenster, und was dahinter zerrann.

Vielleicht sind deshalb Fenster und Licht so wichtig in meinem Leben, ich weiß es nicht. Vielleicht mag ich deshalb keine dunklen Räume, schwarze oder dunkle Dekorationen, schwere, dichtgeknüpfte Gardinen, Verdunkelungen gegen Luftangriffe oder gut verschlossene Türen, so gut, daß man sie nicht schnell und leicht öffnen kann.

Aber vielleicht sehe ich das erst heute so, da erste Berichte über Räume ohne Fenster durchsickern, wenn es auch ursprünglich Turnhallen, Reitschulen, Lager- oder wirkliche Baderäume mit Duschen gewesen sein mögen. Dampfbäder sehe ich nur noch mit Mißtrauen und will gar nicht zu Ende denken, was luftdichte Türen alles bedeuten können, wenn an der Innenseite keine Klinken angebracht sind. Fabrikhallen oder Reitschulen sind mir genauso verdächtig.

Und dann sehe ich im Geist, daß ich zurückkehre, so weit ich nur kann: ein achtarmiger Chanukka-Leuchter, den Mama mit ihrer Aussteuer in unseren Haushalt brachte, als Geschenk von ihrer Mama und weiß Gott wieviel Großmüttern rückwärts. Der Leuchter war entweder schon angezündet, oder es standen weiße Kerzen darin. Ich weiß es nicht.

Sicher hängt alles davon ab, in welcher Stimmung ich zu dem zurückkehre, woran ich zuvor gedacht, was ich zuvor getan und was mich danach erwartet hat, um sie brennend oder erloschen zu sehen. Ich kann beides sehen, wie es mir beliebt, doch die Erinnerung ist auf jeden Fall verwischt.

Sicher ist es möglich, daß ich mich erst nachträglich und in Verbindung mit dem, was mir jemand gesagt hat, erinnere, in Verbindung mit dem, was Mama oder Papa, Bruder oder Schwester mir sagten. Aber jetzt erinnere ich mich wirklich. Ich bin froh, daß ich als erstes im Leben den Leuchter sah, den Papa ab und zu, und wenn er lange nicht gereinigt worden war, verkaufen wollte. Er verkaufte ihn natürlich nie, da Mama nicht zögerte, jedesmal zu erklären, daß dies nur über ihre Leiche möglich sei. Er hat sich in mir mit einer Art Echo an längst vergangene Pracht und Aufregung verbunden, und seither liebe ich alle Kerzen.

Mag sein, daß ich mich seit jener Zeit und schon von Anfang an zu Feierlichkeiten, zur Musik und besonders zu beleuchteten Räumen und Straßen hingezogen fühle.

Im nachhinein sehe ich den Leuchter und die Kerzen nur durch die Wand, wohl den ersten Leuchter und das erste Feuer, deren ich je in meinem Leben gewahr wurde.

Die Kerzen standen die meiste Zeit im Jahr ungenutzt im Leuchter, bis Mama kam und sie anzündete, eine nach der anderen und im Verlauf einiger Tage. Papa hielt die Legende, die damit verbunden war, für ein altes und deshalb schon harmloses Vorurteil, mit dem man leicht leben konnte, während ich schon im Bett lag. Und das war dann das erste, was ich am Morgen, wenn ich die Augen aufgemacht hatte, sehen sollte: angezündete Kerzen.

Ich bin mir nie sicher, daß es so ist, wie ich es schreibe, aber ich weiß, warum uns Dinge, die uns das erste Mal im Leben begegnen, und was es auch sei, warum sie wichtig sind – wir wissen, daß sie vom Anfang bis zum Ende mit uns gehen werden. Und im Zusammenhang damit begann ich zu glauben, daß alle wichtigen Fragen in meinem Leben genau wie diese für immer unbeantwortet bleiben.

Wenn ich es jedoch von besserer Warte aus betrachte, so erscheinen mir Leuchter und Kerzen als Nachklang der alten Legenden, die der Mama die erfolgreiche Rebellion längst vergangener Zeiten ins Gedächtnis riefen und sie dadurch die weniger erfolgreichen Zeiten vergessen ließen, als Reinigung von dem, das Mama »Entweihung« nannte. Ich höre, aus welcher Entfernung auch immer, den Nachhall eines Sieges, der auch in späteren Niederlagen, deren es entschieden mehr gab, nicht verlorengehen sollte. Mama kannte alle Könige mit Namen und bemühte sich, in jedem der Namen irgendeinen neuen Sinn zu finden.

Nie hatte ich dieses uralte Labyrinth von Ereignissen, Menschen und dem, was ihnen vorausging, nur als ein Echo dessen verstehen können, was danach kam und was vielleicht noch dauert. Und so vermittelt mir der achtarmige Leuchter mit seinen Kerzen nur ein Fenster, ein Stück Wand und ein Fenster darin, durch das man sehen kann, was am anderen Ende der Wohnung passiert, und einen Blick über die Straße.

Und während ich dies beschreibe, klart das Bild der Wand mit dem Fenster darin auf und bekommt deutliche Konturen. Ich bin froh darüber, denn jetzt sehe ich wenigstens, daß neben dem Fenster eine Tür war, die zum Schlafzimmer führte und aus dem Schlafzimmer zum Wohnzimmer.

Es war eine weißlackierte Tür mit Milchglas in der oberen Hälfte, in dem eingeschliffene Blumen zu sehen waren.

Das Milchglas erinnert mich plötzlich an den Winter; aber nicht an Eislaufen und Schlittenfahren, wie ich das mit meinem Bruder und meiner Schwester tat; eher an den hiesigen Winter, der näher kommt. Beinhaltet das Schreiben auch dies? Ich verlasse mich jetzt in vielerlei Hinsicht auf meine Erinnerungen. Aber drei Dinge finde ich plötzlich zum Lachen: Vor allem ist das, was ich schreibe, lächerlich und unbedeutend. Und doch ist es für mich der einzige Existenzbeweis. Und das zweite kann ich nicht mal beschreiben, wenn ich nicht will, daß es mir irgendwo anders hinläuft. Und schließlich ist da noch ein Drittes: Erinnere ich mich wirklich an jenes Zimmer und jenen achtarmigen Leuchter mit den Kerzen, an die Legenden von der Unerschrockenheit und dem Mut jener unbekannten Leute, auf die sich Mama berief, oder ist es nur die Erinnerung an alte Fotografien, die Papa machte, als ich noch klein war? Wahrscheinlich werde ich es nie mehr erfahren.

Und dabei sitzt diese Erinnerung von Jahr zu Jahr, von Tag zu Tag fester in mir und strömt einen angenehmen, anheimelnden und verlorenen Duft aus, wie alle Erinnerungen. Es ist wie im Winter, wenn Mama Gebäck machte – verharrt in mir wie ein Schatten, der alle Dinge begleitet, auch wenn man ihn nachts oder mittags nicht sehen kann.

5. *Dezember*. Einmal. Ein Glas Kleinkindermilch. Siebenmal. Ein großer Schiffskoffer. Ein Pelzkragen. Zweiundfünfzig Mark. Bettwäsche für zwei Betten. Eine Schachtel Damentaschentücher. Ein goldener Füllfederhalter der Marke Parker. Zwölf Mark und fünfzig Pfennig.

6. *Dezember*. Als ich dem kleinen Rabbi B. sagte, daß ich Prostituierte ebenso mag, wie Herr L. sie mochte und wie Laszlo

Berkovič sie mag, sah ich auf seinem Gesicht nicht nur Zustimmung, sondern noch etwas anderes.

Mit Prostituierten hat man entschieden mehr Spaß als mit einem Leuchter, mit Kerzen, mit Feuer und mit einem Loch in der Wand. Zum einen deshalb, weil sie lebendig sind, sprechen und einem antworten, wenn man sie was fragt, zum zweiten sind die meisten hübscher, und zum dritten sind sie die einzigen, die wirklich alles das zu verachten vermögen, was durch Sachen oder Geld zum Ausdruck gebracht wird, auch wenn sie den Wert von Sachen und Geld genau kennen.

Ich bin schon als kleines Mädchen derartigen Frauen begegnet. Dem kleinen Rabbi mußte ich sagen, daß ich nicht die Mutter, die Aspirin für ihr Kind braucht und nicht weiß, wie sie es beschaffen soll, dazurechne. Auch nicht die Ehefrauen, deren Männer hier und sofort etwas haben müssen, falls ihnen nicht drohen soll, nicht nur kein Mann, sondern überhaupt nichts zu sein. Und ich spreche auch nicht von den Töchtern, die ihren Papa oder ihre Mama, ihre Schwester oder ihren Bruder aus dem Transport haben wollen und keinen Herrn L. haben, wie ich ihn hatte, und auch keinen von den prominenten Offizieren oder ähnliche Leute kennen, ganz zu schweigen von solchen, die sich selber aus dem Transport haben wollen.

In dem Haus, in dem ich geboren wurde, in einem der ältesten Teile Prags, in einer altersgrauen, vierstöckigen Mietskaserne, die mich nachträglich an einen alten Baum erinnert, hatte ich eine Freundin namens Paula. Sie war dick, häßlich und widerwärtig. Obwohl sie krause Haare hatte, war sie weder eine Jüdin noch eine Zigeunerin. Ich hatte sie nicht besonders gern, spielte jedoch mit ihr, weil sie in der Wohnung nebenan wohnte, man brauchte nur den Gang zu überqueren. Wir waren beide gleich alt und gingen in dieselbe Klasse. In wen ich mich aber fast unsterblich verliebte hatte, das war ihre Mutter.

Die Erinnerung an Paula und an ihre Mutter ist meine zweitstärkste Erinnerung. Sie war wie ein Faß Dynamit, explosiv, mit einem Blitzen in den Augen, das ich nicht beschreiben kann. Man findet es nur bei einigen Frauen, so wie man, sagen wir mal, bei einigen Sternen etwas findet. Nachträglich wird mir bewußt, daß es etwas war, was manch eine der schönsten Frauen nicht hat, die ohne ihre gewohnte Umgebung schlaffer und abgenutzer erscheinen, als sie in Wirklichkeit sind.

Ich weiß nicht, was es ist, aber ich weiß, daß es existiert. Es ist ewas ähnlich Unabhängiges und Schönes, wie manche Tiere es haben.

Paulas Mutter war stark, kaltblütig und geistesgegenwärtig. Ich habe nie gesehen, daß irgend etwas sie außer Fassung gebracht hätte. In einem gewissen Sinne war sie ruhig. Sie besaß die Fähigkeit, zu warten und die Dinge nach eigener Fasson zu beurteilen, obgleich sie leicht in Harnisch geraten konnte und etwas, das ihr nicht gefiel, ablehnte.

In ihr war eine Energie wie ein unsichtbares Feuer, an dem man sich nur dann, wenn man damit umzugehen wußte, ohne sich zu verbrennen wärmen konnte. Keiner außer den »Leuten in den Todesanzeigen« war für sie vollkommen. Was mir an ihr gefiel, das war ihre Fähigkeit, die Dinge direkt von vorn zu betrachten, so als hätte sie keine Angst, von ihrem Genuß ausgeschlossen zu werden.

Immer, wenn ich in ihrer Nähe war, hatte ich den Eindruck, sie könne mehr zustande bringen, als sie bis dahin getan hatte, wisse aber davon und brauche sich nicht zu beeilen. Sie hatte ausgeprägte, hübsche Gesichtszüge, derentwegen viele Leute sie mochten, und etwas Zuverlässiges im Blick, das den Leuten Vertrauen einflößte. Es ist eine ganze Menge, was man in seinem Gesicht hat, was einen so vorstellt, wie einen Handlungsreisenden seine Visitenkarte vorstellt, die er seinen Kunden überreicht. Sie hatte einen langen Hals wie ein elegantes Pferd, und den Eindruck eines Pferdes verstärkten noch ihre Haare, die sie sich zu einem Zopf flocht. Sie benutzte eine Umenge exotischer Schminke, duftete im Umkreis von zwanzig Schritt nach zahlreichen wundervollen

Wassern, worunter auch Kamille gewesen sein muß. Ich entsinne mich ihrer dunklen Augen und der kräftig roten Lippen. Sie trug gewöhnlich einen enganliegenden Pullover, sehr körpernah, so daß ihr Busen auf eine sehr weibliche Art zur Geltung kam.

Meist kaufte sie sich Pullover mit einem V-Ausschnitt. Die Ärmel hatte sie bis zum Ellenbogen hochgestreift, ihre Haut war braun und äußerst glatt. Auch wenn sie, wie ich von Paula wußte, manchmal nachts überhaupt nicht oder nur eine Stunde geschlafen hatte, sah sie nie müde aus.

Ich sehe sie im Geiste immer in ihrer Wohnung stehen. Soviel ich weiß, hatte sie keinen Mann. Auf die Toilette mußte man von allen Wohnungen aus über den Gang, so daß ich sie in den verschiedensten Aufzügen zu sehen bekam, vom Bademantel über unterschiedliche Kaftane, Morgenmäntel und die Unterwäsche bis zu den eleganten Kleidern, die man zu einem Ball trägt, oder einem Pelz aus Kaninchenfell, unter dem sie garantiert nicht einmal ein Höschen trug.

Später sagte mir Papa, daß sie keineswegs, wie es den Anschein haben mochte, ohne feste Stelle gewesen sei, sie habe in einer Damenkapelle gespielt, er wußte aber nicht, welches Instrument. Ihre Wohnung war geschmackvoller als die unsere. Wenn unsere Wohnung ihren Zweck bestens erfüllte, so hatte die Wohnung von Paulas Mutter noch etwas mehr. An allem hing die Patina vergangener, gegenwärtiger und geplanter Abenteuer. Ihre Wohnung barg so wie manches Menschenleben ein Geheimnis. Ich erinnere mich, daß in Paulas Wohnung jeder sitzen, stehen oder tun konnte, wie und wonach er Lust hatte. Bei uns war immer Mama in der Nähe mit ihrem: »Mach dieses nicht, tu jenes nicht!« Paulas Mutter kümmerte sich daheim nie darum, was wir taten.

Ich erinnere mich, daß sie häufig sehr junge Männer küßte. An keinen einzigen davon kann ich mich detailliert erinnern. Eher entsinne ich mich, was für ein Gesicht die jungen Männer machten. Oder wie sie sie ansahen, immer als wollten sie noch etwas mehr, als sie bekommen hatten, oder als hätten sie es sich nicht aussuchen können. Es waren wirklich auffallend junge Männer. Einige gaben, wenn sie fortgingen, wenig schmeichelhafte Bemerkungen von sich, was Paulas Mutter ignorierte.

Ging ich auf die Toilette, dann konnte ich zuweilen sehen, wie sie sich mit einigen der jungen Männer raufte, während sie mit anderen, als gäbe es die Welt nicht, im Bett lag.

Einmal traf ich sie, nur mit einem Mäntelchen bekleidet, im Gang, barfuß. Unter dem Mäntelchen hatte sie nichts an, und sie lachte einem Jüngling zu, der den Gang am anderen Ende überquerte und ihr Grobheiten zurief.

Manchmal hielt Paulas Mutter es stundenlang vor dem Spiegel aus, als würde sie an sich und an ihrem Bild etwas suchen, was keiner je zuvor gefunden hatte. Mit ihrem wunderschönen Gesicht, dem Busen und den Hüften, mit ihren eleganten, schlanken Beinen sah sie wie eine Schauspielerin aus. Ich hatte sie wirklich gern. Insgeheim fragte ich mich, warum meine Mama nicht so schön sei.

Später, als ich schon älter war, hatte sie eine Frau zu Besuch – vielleicht Mama, vielleicht Großmama –, die zu ihr sagte: »Du bist verrückt, wenn du dich kümmerst, du bist verrückt, wenn du gibst. Kluge Leute kennen etwas Besseres als Geben – sie nehmen.« Paulas Mutter gab der alten Frau ein Bündel Geldscheine und lachte. Die Alte nahm das Geld und ging fort. Einmal kam ein Mädchen um die Fünfzehn mit einer Geige im schwarzen Futteral zu Besuch. Ich hörte, was sie zu dem Mädchen sagte: »Frauen, die alles geben und nichts fordern, bekommen in der Regel auch nichts. Frauen, die sich zieren, werden von den Männern belohnt, bedrängt, und die Männer würden alles für sie tun. Doch Männer, die nur Luder umflattern, klagen immer, daß Frauen Bestien sind.«

An manchen Tagen hatten ihre Haare plötzlich die Farbe geändert und waren rot, während der rote Pullover schwarz geworden war und noch enger anlag. Ihre Augenbrauen waren verschwunden, änderten ihre Wölbung oder verkürzten sich. Ihre Augen waren schwarz, als würde ein Feuer in ihnen brennen. Doch es war kein diabolisches Feuer. Es war nie etwas Böses darin.

Damals, als Vierjährige, wünschte ich mir, einmal, wenn ich groß sei, so auszusehen und mich so zu geben wie Paulas Mutter.

Gelegentlich riß ich, wie mir Papa später sagte, von zu Hause aus. Mama hielt mich beim Spazierengehen fest an der Hand; aber immer gelang es mir, mich loszureißen und irgendwohin zu laufen, wo ich etwas Neues finden konnte. Ich erinnere mich daran, was für Angst Mama meinetwegen ausstand.

Einmal erzählte mir Mama, wie sie mich, erst zwei Jahre alt, zum Fluß mitgenommen hatte. Es sei das erste Mal gewesen, daß ich Wasser sah. Wir gingen unter einer langen Brücke, Mama hielt mich an der einen, die Tante an der anderen Hand. Sie fürchteten, ich werde Angst vor dem Wasser haben. Da riß ich mich los und lief direkt in den Fluß. Ich war klatschnaß und lachte.

Wir zogen zweimal um. Als wir ins zweite Haus eingezogen waren, erhielt ich mein eigenes Bett. Ich hatte ein blaues, meine Schwester ein gelbes Kissen. Wenn die Eltern das Licht ausgeschaltet hatten, fragte ich meine Schwester, was ich ihr denn erzählen solle.

Und als sie fragte, was ich denn anzubieten hätte, antwortete ich, daß ich nachsehen und es ihr gleich sagen wolle.

Ich langte unter das Kissen und holte einen goldenen Schlüssel hervor. Keiner durfte ihn sehen. Das Schränkchen war klein: zwei Fächer, und darin Bücher von unterschiedlicher Größe. Doch keines von ihnen war bedruckt. Erst wenn ich mit den Fingern über den Einband fuhr, tauchten die Überschriften auf.

Ich konnte stundenlang erzählen. Meine Schwester liebte Pferde und war froh, wenn sie mit ihrem Geliebten aufsitzen und durch die Nacht zum Schloß reiten konnte, wo sie jede Nacht zu heiraten pflegte, ich hingegen ritt meinem Liebsten hinterher, doch aus einem anderen Grund, als ihn zu heiraten. Gelegentliche Treffs zog ich vor. Ich begann sogar zu glauben, daß ich so schön sei, wie es die Leute oft behaupteten.

Ich war überzeugt, daß ich, wenn ich erst lesen und schreiben gelernt hatte, nur solche Geschichten schreiben würde, die mir selbst Freude machten. Das schien mir genauso einfach, wie in ein sauberes Bett zu gehen, zu schlafen, am Morgen aufzuwachen und zu wissen, daß ich, wenn ich die Augen öffnete, Mama sehen würde.

Als ich vierzehn wurde, änderte sich das Leben. Nicht nur wirkliche Dinge, sondern auch alte Träume waren zerronnen. Meine bis dahin immer so übersichtlichen Angelegenheiten hörten mit einem Male auf, so zu sein, und langsam war ich mir keiner Sache mehr sicher.

Mir wurde bewußt, was alles geschehen könne, so wie man sich bewußt wird, daß man schlafen gehen kann und am Morgen aufwachen wird und die Mutter, obwohl sie früher fast immer da war, nun nicht mehr da sei.

Damals wurde mir klar, daß ich kein Kind mehr sein wollte. Ich wollte schnellstens erwachsen werden. Ich höre jetzt wieder, wie Herr L. mich, ehe er wegfuhr, bat, ich möge mit ihm so bleiben wie er mit mir; als ich es ihm zuliebe tat, schlief er ein wie ein Kind. So wie ich es, noch klein, fertigbrachte, stundenlang auf dem Töpfchen zu sitzen, bis ich, den Schnuller im Mund, eingeschlafen war. Am Morgen sagte er mir, es sei dies sein bis dahin süßestes Einschlafen gewesen. Und daß er, wenn er einmal sterben werde, auf diese Art zu sterben wünsche. Mir lief es eiskalt über den Rücken; und dann fiel mir ein, wie eigenartig es war, daß letztendlich alles bei so etwas anlangt. Ich höre die Melodie all der Worte, die ich schreibe, und ich bemühe mich, sie bis zum letzten Punkt so klingen zu lassen, wie es der Wahrheit entsprach, als es geschah.

Einmal. Eine Schachtel Patentknöpfe.

Es ist ein Feuer, das ich fühle, wenn ich schreibe, und mir fällt ein, daß ich selbst, wenn ich schreibe, das Feuer bin. Es ist, als würde ich buchstäblich brennen. Aber das ist nicht etwas, das ich beschreiben könnte. Es ist etwas darin, das stark wie das Leben ist.

Vom Augenblick an, da ich mein Tagebuch zu schreiben begann, genügte es mir fast nicht mehr, wenn etwas nur »passiert«. Erst wenn ich es niedergeschrieben habe, ist, so scheint mir, mein Feuer gestillt. Dabei ist allein das Gefühl von Feuer und Brennen mit keinem der Dinge verbunden, die mich umgeben. Ich weiß nicht, ob es unbekannten Quellen entspringt und ob das Geheimnisvollste einen unersetzlichen Wert für mich hat. Es ist, als würden die Worte und das Papier mir sagen: »Wir verbrennen dich mit Haut und Haar. Samt deinen Gefühlen und Wünschen. Aber fürchte dich nicht. Wenn du standhältst, dann kann es sein, daß du findest, was du suchst.« Und das Echo dieser Worte sagt gleichsam: »... was immer du auch tust.« Und ich begreife, daß alles, was ich niederschrieb, allein nur meine eigene Wahrheit sein kann. Das ist auch wie der Wind oder eine Woge, die über mich hinwegrollen und mich mit sich reißen samt allem, worauf ich stehe und was ich betrachte. Die mich emporheben und zu einem anderen Ort tragen, wo mir, ohne daß ich es erklären könnte, alles irgendwie bekannt vorkommt; als würde ich es von jeher kennen; wohin ich schon immer gelangen wollte – und wo ich noch nie angelangt bin.

Mir wird bewußt, daß ich durch alles, was ich bisher geschrieben habe, den Sinn all dessen, was in meinem Leben geschehen ist und wichtig war, ergründen wollte, ohne indessen die wirkliche Bedeutung entdeckt zu haben.

Seit Mitternacht habe ich Hunger. Seit früh am Morgen lese ich in der Speisekarte von der vorigen Woche.

Mittag:
Montag: Fleischrisotto, Kaffee

Dienstag: Knödel m. Tunke, Kaffee
Mittwoch: Nudeleintopf m. Fleisch, Kaffee
Donnerstag: Kartoffelsuppe, Buchtel/Kreme
Freitag: Kartoffel m. Tunke, Kaffee
Samstag: Karbonade m. Knödel u. Tunke, Kaffee
Sonntag: Buchtel m. Kreme, Kaffee

Abend:
Kaffee, Semmel
Kaffee
Gefüllter Knödel m. Zucker
Grießsuppe
Nudelsuppe
Kaffee
Pellkartoffeln

7. Dezember. Einmal. Die Tasche von einem Fotoapparat. Zweimal. Ein Brotsack. Fünfundzwanzig Mark. Dreimal. Eine Schachtel Streichhölzer. Eine Kerze. Eine Seife. Fünfmal. Ein Viertel deutsches Kommißbrot. Eine Tomate. Fünfzig Getto-Kronen. Ein Kilo Kartoffeln. Sechs Mark. Ich fürchte mich beinahe, mit mir alleine zu sein.

8. Dezember. Einmal. Ein Kartenspiel. Zweimal. Ein Kalender vom vorigen Jahr. Eine Weinflasche mit Kerze. Dreimal. Ein Vorhängeschloß und ein Namensschild für einen Koffer. Fünfzig Mark. Zwanzig Mark.

Und dann habe ich hier noch einen Traum, der geradezu großgeworden ist mit mir, als ich einsam heranwuchs. Ich träumte ihn jede Nacht, manchmal auch einige Male die Nacht.

Als ich klein war, vier oder fünf Jahre vielleicht, wurde meine Mama krank. Mehr als ein halbes Jahr war sie ans Bett gefesselt, ein Rückgratleiden. Ich durfte nicht mehr wie zuvor zu ihr ins Bett, und Mama durfte mich nicht mehr in die

Arme nehmen und mich liebkosen. Ich war von klein auf gewohnt, zu ihr ins Schlafzimmer zu kommen, aber jetzt, als ich sah, wie ohnmächtig sie dalag, die Augen an die Decke geheftet, bekam ich Angst. Ich ahnte nicht, wie traurig sie war und wie weh es ihr tat.

Eines Tages ging sie fort, und die Großmutter begann für uns zu sorgen; sie kochte, backte, wusch die Wäsche, blieb bei uns. Papa stellte auch eine Hilfe ein, Lisa, die der Großmutter beistand. Sie badeten mich und gingen mit mir spazieren wie zuvor Mama und die Tante. Wir brauchten Lisa wirklich, denn Großmutter ging zusammen mit Papa Mama im Krankenhaus besuchen, und manchmal blieben sie lange dort.

Es war stets ein leeres Zimmer, ohne Möbel und ohne Einrichtung, vom Bett und einem Stuhl daneben abgesehen. Auf dem Stuhl saß, einem Schatten gleich, eine Frau, und neben ihr, irgendwo mitten im Zimmer, stand ein Mann. Irgendwer lag in dem Bett. Jedesmal fürchtete ich mich, näher ans Bett heranzutreten und mit dem, der da im Bett lag, zu sprechen. Ich schmiegte mich an die Frau auf dem Stuhl, weinte und wagte keinen einzigen Schritt zu tun. Die Frau in dem Stuhl wie auch der Mann mitten im Zimmer versuchten mich zu überreden, keine Angst zu haben, näher heranzugehen und der Frau unter der Bettdecke ein paar Worte zu sagen.

Jetzt verstehe ich natürlich, daß die Frau in dem Bett meine Mama, die Frau auf dem Stuhl meine Großmutter Hana und der dünne, aufgeschossene und strenge Herr Mamas Arzt war.

Ich habe begriffen, daß ich meine Angst im Traum aus dem unglaublichen und für mich damals unbegreifbaren, allenfalls erahnten Verlust speiste. Und aus der Einsamkeit, in der ich mich deswegen befand, einer Einsamkeit, die mir keiner zu erklären vermochte und die ich mir auch selbst nicht erklären konnte. Es war ein Mißtrauen gegenüber allen, die mich umgaben, besonders aber Papa gegenüber.

Die Frau in dem Bett sah meiner Mama nicht einmal entfernt ähnlich. Sie war mager und sehr still. Sie hatte langes Haar, hinten zu einem Knoten geflochten, und plötzlich schien es mir sehr schütter, grau, wie es geworden war. Jetzt kann ich mir natürlich vorstellen, daß die Medizin und die verschiedenen Schmerzmittel das verursacht hatten. Sie lag in diesem Bett, weinte und rief meinen Namen. Doch ich fürchtete mich, näher ans Bett heranzutreten, obgleich mich Großmutter Hana ermahnte und zu überreden suchte, es doch zu tun. Schließlich nahm Großmutter mich an der Hand, führte mich zu Mamas Bett und sagte: »Schau Perla, das ist deine Mama. Gib ihr einen Kuß. Sie liebt dich. Erkennst du denn nicht, daß es deine Mama ist und wie sie dich liebt?«

Ich fürchtete, es könnte ein Trick sein, wollte um keinen Preis in der Welt hereingelegt werden und ging deshalb keinen Schritt auf das Bett zu. Im Geist jedoch sprang ich hoch, beugte mich über Mama und ließ mich küssen. Dann nahm ich von selbst Großmutter Hana an der Hand, wollte aber, daß sie mich aus dem Zimmer brachte.

Ich kann verstehen, daß ich mir lange der Identität der unbekannten Frau im Bett nicht sicher war, obwohl ich immer wußte, daß es sich um Mamas Schlafzimmer handelte. Die Folge war, daß ich jedermanns Nähe fürchtete. Ich fühlte, daß man niemandem trauen konnte. Und daß alle meine Gedanken und Sehnsüchte mein Geheimnis bleiben mußten.

Es kommt mir komisch vor, daß ich plötzlich die Geschichte von meiner Mama, von ihrer Krankheit und dem Traum erzähle. Ich habe das alles noch nie jemandem erzählt. Alles hat sich längst in mir gelöst, erzählen jedoch tue ich es heute zum ersten Mal, wenn auch nur auf dem Papier. Ich hatte immer den Eindruck, daß ich nicht einen kenne, dem ich es erzählen, der daran teilnehmen könnte, ohne mich zu verraten oder auszulachen.

Es wäre wahrscheinlich lächerlich, zu sagen, das Papier sei wie meine Großmutter Hana oder wie Lisa, die sich damals die ganze Zeit um mich kümmerten, oder es sei wie ein Loch in der Seele, das nur aufgefüllt werden könne, wenn ich das alles jemandem sage.

Zugleich habe ich den Eindruck, es sei dies etwas, das genau zu einem siebzehnjährigen Mädchen wie mir paßt, sei nahezu alles, was es wirklich braucht. Auch wenn das Mädchen nicht Perla, sondern etwa Dita hieße. Oder Jana. Gleich wie.

Mich hat Lídas Krankheit erwischt. Ich frage mich, warum sich so viele wunderbare Männer nicht gegen Hitler und seine Soldaten und Bevollmächtigten empören, gegen die hiesigen Nazis, gegen all das, was uns so unendlich zum Hals heraushängt, Minute um Minute, Tag um Tag, Jahr um Jahr.

Herr L. sagte mir: »Kannst du dir die Gladiatorenkämpfe von einst vorstellen? Der römische Kaiser schaut hinab auf die riesige Arena, wo ein Mann steht, auf den sie einen Löwen losgelassen haben? Vom bloßen Nachhall des Kampfes, so wie er uns noch heute erreicht, wissen wir, was da geschah und was für ein Ende dieser Mann nur nehmen konnte. Es ging nicht darum, wer der Unterlegene und wer der Sieger sein werde, der Mensch oder der Löwe. Es ging nur darum, ob der Mensch, in den Klauen und im Maul des Löwen, würdig oder wie ein armseliger Feigling unterlag. Das ist auch unser Problem. Mein und dein Problem.«

»Die Männer sollten kämpfen«, sagte ich. »Auch Frauen sollten kämpfen. Und auch die Kinder. Ich will nicht, daß man von uns sagt, wir hätten uns wie alte Weiber benommen.«

»Glaubst du, daß Russen, Franzosen oder Amerikaner an unserer Stelle besser wären, allein gelassen mit dem Löwen in der Arena, ausgehungert, einsam, allen gleichgültig, buchstäblich allen, meine Liebe, vorher und nachher unbequem, den künftigen Siegern ebenso wie den Besiegten? Glaubst du, daß sie wenigstens um ein Haar, um einen Bruchteil, um einen Schatten anders oder besser wären als wir?«

»Trotzdem glaube ich, daß man kämpfen müßte, daß die Männer kämpfen sollten, Frauen und Kinder, Starke und Krüppel, die Alten, alle, die zwei Arme, zwei Hände und zehn Finger haben oder auch nur eine Hand und nur fünf Finger mit scharfen Nägeln«, wiederholte ich.

Mit einem der Transporte aus dem Westen wurde ein holländischer Pilot ins Getto gebracht, dem ein Arm und ein Bein fehlten. Er hatte beides verloren, als seine englische Maschine über Deutschland abgeschossen wurde. Wohin er gehörte, das ging aus seinen Papieren hervor und aus dem zwischen seinen Beinen. Er ist ein blauäugiger Blondschopf und geht an zwei Stöcken über den Korso. Ich glaube, daß es im ganzen Getto keinen Mann gibt, der für alle Mädchen und Frauen begehrenswerter ist als unser Holländer.

Keiner fragt ihn nach Einzelheiten. Es genügt uns zu wissen, daß er flog, um Bomben auf die Nazis zu werfen, und daß man ihn herunterholte und daß er nur ein Bein und nur einen Arm hat. Ich glaube, daß Herr L. eifersüchtig auf ihn war. Ich glaube, daß all die Männer auf ihn eifersüchtig sind, über die ich mit Herrn L. zuletzt gesprochen habe.

Ich hoffe, daß der englisch-holländische Pilot sich alles, was ihm fehlt, weil er das eine Bein und den einen Arm nicht mehr hat, anderweitig holen kann.

Ich wäre glücklich, wenn er bei mir anklopfen und sich entschuldigen würde, daß er ohne Voranmeldung kommt. Ähnlich glücklich wären zahllose andere Frauen in Theresienstadt.

9. Dezember. Ich genieße es zunehmend, wenn ich die Kerze oder die Petroleumlampe anzünden, mich zum Tisch setzen und dort schreiben kann. Einmal mußte Herr L., als die Rede davon war, zugeben, daß die Eigenschaft des Schreibens irgend etwas beinhaltet, das bisher nicht durch etwas anderes zu ersetzen war, und daß das wohl auch in Zukunft so sein wird. Aber es liegt weniger an dem, was man schreibt, als daran, wann man es schreibt. Ich fühle genau, wann meine Stimme »authentisch« ist. Ich kann zwar nicht sagen, woran das liegt, aber ich kann sagen, wann es so ist. Ich fühle es.

Die alte Ratte unter den Dielen war heute dreister und lauter als sonst. Ich habe einmal gehört, daß viele Ratten sich auf einen Menschen stürzen und ihn bei lebendigem Leib auffressen können.

Als ich klein war, schien mir, Papa hätte sich verändert. Er hatte aufgehört, mit uns zu sprechen, obgleich er mit uns sprach wie zuvor. Als ganz kleines Mädchen war ich glücklich, und das lag sicher daran, daß ich mich Papa nahe fühlte. Auch wenn ich mich später bei Mama genauso fühlte, von Anbeginn an war das nicht so. Mich störte vieles an dem, was Mama sagte und tat. Papa schien mir lustiger, sorgloser und deshalb angenehmer.

Als ich zehn war, wurde alles anders. Papa stritt nicht mehr so oft mit Mama, blieb aber oft und lange außer Haus und unterhielt sich mit uns nicht mehr wie früher. Er stellte uns fast keine Fragen mehr. Und wenn er mal fragte, gab er sich nicht einmal mehr die Mühe, auf eine Antwort zu warten.

Wer weiß, was er für Schwierigkeiten hatte? Über mich allerdings kam das alles wie aus heiterem Himmel. Mir schien, Papa habe aufgehört, mich wahrzunehmen, als existierte ich vielleicht nicht mehr. Mama reagierte darauf, indem sie sich sofort umdrehte und wegging oder wenigstens Papa den Rücken kehrte. Und ich bemühte mich um Papas Gunst auf meine eigene Weise.

Mit der Zeit verstärken sich in mir alte Verdachtsmomente, doch je älter sie sind, um so kleinlicher erscheinen sie mir. Wußte Papa davon? Wußte Mama davon?

Ich dachte über Papa von den verschiedensten Gesichtspunkten aus nach. Einige dominierten. Vielleicht war ich von einigen Seiten des Lebens besonders besessen und wollte die anderen nicht wahrnehmen. Aber vielleicht schreckte das, worüber ich jetzt spreche, auch meinen Papa, von Mama ganz zu schweigen. Sicher hatte Mama es nicht leicht mit mir. Wir hatten oft Streit. Auch begann sie damals, anders auszusehen. Doch das Ergebnis all dessen war, daß ich sie mehr mochte als früher. Zumindest deshalb, weil sie mich nicht mehr so laut anschrie.

Ich sehnte mich nach den Zeiten zurück, als Papa mit mir spielte wie mit meinem Bruder oder auch mit meiner Schwester. Damals hatte er mich wenigstens wahrgenommen. Jetzt war mir nur Mama geblieben, obwohl Papa bei uns blieb und später auch sein Ausbleiben seltener wurde. Ich fühlte mich neben Papa wie ein Gespenst. Das war für mich das Schrecklichste auf der Welt, wenn jemand mich behandelte, als sähe er mich nicht, als wäre ich wie Luft, als wäre ich gar nicht da.

Auf jeden Fall ist es so lange her, auch ohne die Zeit, die seither verflossen ist. Aber jeder trägt alles, was er erlebt hat, mit sich, und es zieht sein ganzes Leben lang mit ihm, wohin er auch geht.

Einmal. Ein Sechzehntel Roggenbrot.

Ich erinnere mich an das, was ich damals für ein Unglück hielt. Meine Lieblingstante Eliška wurde vom Schlag getroffen. Zwei Tage nach ihrer Einlieferung ins Krankenhaus wurde Onkel Albert vom Schlag getroffen. Kinder hatten sie nicht. Sie waren an die Siebzig und hatten sich gern. Dann mußte mein Bruder wegen des Blinddarms ins Krankenhaus, Schwester Rosalia wurde von einem Hund gebissen, und Mama fand Ohrringe in Papas Hosentasche.

Wie kommt es, daß einem die Vergangenheit so wichtig oder doch so ausdrucksstark erscheint? Einmal sagte Ludmila zu mir: »Warum sagst du nichts? Hast du die Zunge verloren?«

»Es gibt nichts, was ich zu sagen hätte«, antwortete ich ihr.

»Wie kann ein Mann die Frauen verachten, wenn es ihn doch ohne die Frauen gar nicht gäbe, wenn du verstehst, was ich meine?«

»Ich verstehe sehr gut, was du meinst«, sagte ich. »Viele

Menschen tun so, als wäre das, was das Leben bedingt, weniger als Luft.«

»Je länger wir hier sind, um so bescheidener werde ich.«

»Es ist nahezu lächerlich, daß ein Mann die Frau bedingt und eine Frau den Mann«, sagte ich noch und war überrascht, wie es klang.

»Meinst du, daß Liebe, oder das, was so bezeichnet wird, Mut, Hunger und Angst in einem ist?« fragte Lída plötzlich.

»Vielleicht ist es noch Sehnsucht, Haß und Verachtung«, sagte ich. »Ein Junge hat mir mal gesagt: Ich habe gar nichts gegen Mädchen, die sich freier fühlen als der Wind und jeden küssen und mit jedem schlafen, der ihnen gefällt. Die können mich ruhig eindecken; ich wäre ein Dummkopf, wenn ich nicht mit ihnen ginge. Aber heiraten möchte ich so ein Mädchen nicht.«

Dann gingen wir, wie immer, rund um das Irrenhaus spazieren. Mut, Hunger und Angst? Letztlich ist alles darin enthalten, dachte ich. Ich könnte es buchstäblich auf alles beziehen, meine alte Ratte und daß wir gerade hier spazieren mit einbeschlossen. Es ist das, worüber zwar am meisten gesprochen wird, wovon man aber zugleich so viel verheimlicht. Und so bewahrt sich eben das, was nahezu öffentlicher Besitz erscheint, wie etwa die Sache damals, als die ganze Stadt über Diana und Reinisch sprach, sein größtes Geheimnis. Die Menschen wollen es, wenn sie es nicht haben, und wollen es nicht, wenn sie zuviel davon haben.

Bevor ich lernte, meine geheimsten Bedürfnisse, all die halberahnten, unklaren Sehnsüchte und andere Wünsche zu erkennen, hatte ich mich verloren gefühlt.

»Ich habe mal gehört«, sagte Ludmila, »daß der weibliche Körper seine eigene Urteilskraft besitzt und daß er nicht schwanger wird, bevor nicht alles dafür reif ist.«

»Das glaube ich auch«, sagte ich. »Außerdem funktioniert es wirklich irgendwie so. Ich fühle mich oft wieder wie eine Jungfrau. Die Jungfräulichkeit ist zugleich körperlich wie unkörperlich.«

Ludmila hing mit ihren Blicken an meinen Lippen, und hinter ihr befand sich das Irrenhaus, von Sträuchern umstanden, und die Irren waren noch nicht herausgekommen, waren eingesperrt hinter ihren verdunkelten und vergitterten Fenstern.

»Auch ich bin zu der Ansicht gelangt, daß diejenigen Männer, die ihre Mutter lieben, die Frauen mehr mögen als die, denen die Mutter gleichgültig ist«, fügte ich hinzu.

»Warum?«

»Ich weiß nicht, warum. Ich kann nur danach, wie einer über seine Mutter spricht, abschätzen, wie er mit mir umgehen wird. Das hat noch nie versagt. Männer, die Frauen mögen, lieben auch ihre Mütter.«

»Meinst du, die zahlen sozusagen etwas zurück?«

»Eher fahren sie mit etwas fort«, sagte ich langsam. »Als würde ihnen eines das andere verkörpern. Ganz zu schweigen davon, daß solche Männer mit einer Frau weit besser umgehen können. Auch eine Frau fühlt sich mit so einem Mann besser.«

Wir schauten in die Fenster des Irrenhauses hinein. Manche Männer mögen keine Frauen. Andersherum ist es genauso. Es gibt keine Erklärung dafür, oder ich kenne sie nicht. Aber ich weiß es. Die Männer brauchen Frauen, genauso wie die Frauen Männer brauchen. Desungeachtet aber hat nur die eine, ganz bestimmte Sorte von Mann die Frauen gern, weil er sie eben versteht und, ohne darüber nachdenken zu müssen, einräumt, daß die Frauen auch ihn verstehen können.

»Einige Männer könnten wohl eine Frau lieben, vermögen es aber nicht«, sagte ich noch. »Sie wissen, wo sich die Tür befindet, und wissen, wo die Schlüssel sind, begreifen aber nicht, daß man das Schloß, wenn die Tür heil und das Schloß unversehrt bleiben soll, nur in ganz bestimmten Augenblicken öffnen darf. Ich meine damit nicht den Körper, obwohl vieles davon Körper ist. Manchmal lebt so einer zwar, ist aber für derlei tot. Ob Mann oder Frau.«

Mit manchen Männern geschieht noch anderes, und es

bleibt nichts weiter, als den Stab über ihnen zu brechen. Manche Männer sind wie ein Zimmer, in dem es nur kalt ist. Manchen ist es ein Zimmer von wohligster Wärme, die sie sich nehmen und auch zugleich am Leben erhalten. Andererseits nutzen einige Männer, so wie auch Frauen ihren Körper als Waffe benutzen, ihre Männlichkeit. Solange es nicht eine Sache wie beim Bruder der Lina Gugenheim ist, der mit seiner eigenen Schwester ging und mich auch später an einen fahrenden Komödianten erinnerte, der von Dorf zu Dorf und von Stadt zu Stadt streift, einen dressierten Affen an der Kette, und nach jeder Vorstellung die Münzen in seinen Hut einsammelt. Und selbst wenn der Gugenheim nur portionsweise Puderzucker, Brot oder Kunsthonig einsammeln würde, was man hier eben zahlen kann, wie ich aus eigener Erfahrung weiß.

Es ändert sich insofern, als sich einem buchstäblich alles geradezu vor den Augen ändert. Nur das Irrenhaus steht und wird hier noch stehen, auch wenn die Irren zugrunde gehen oder wegziehen. Manchmal ist weder der Mann noch die Frau das Entscheidende, die menschliche Natur ist es. Die Menschen ähneln den Tieren, den Füchsen, den Spinnen, den Raubtieren, und ich weiß, daß mein Gesichtspunkt allzusehr der »meine« ist und daß er nicht für alle gültig ist.

Schließlich sagte ich zu Ludmila: »Ich bin froh, eine Frau zu sein, weil eine Frau viel einfacher funktioniert als ein Mann. Bei den Jungs gehören so viele Dinge dazu, daß es genügt, daß nur ein einziges Ding versagt, daß es zu einem Kurzschluß kommt.«

»Wie meinst du das?«

»Ich bin bei weitem nicht so nervös wie die Jungs oder die Männer, die ich sehe«, antwortete ich.

Ich denke daran, wie ich den alten O., bevor er wegfuhr, fragte, ob es ihm Freude machen würde, wenn ich so vor ihm läge wie damals seine Modelle; manchmal tat es mir leid, daß er dermaßen verkrüppelte Finger hatte, daß er nie wieder einen Pinsel in die Hand nehmen konnte, und ich stellte mir vor, wie er mich malte und wie ich mich wohl in irgendeinem schönen Haus oder sogar einer Galerie ausnehmen würde, nackt und weiß, mit einem Gesichtsausdruck, an dem nicht nur das Sichtbare abzulesen wäre, sondern auch das, was nur die besten Maler, als könnten sie sehr tief oder hoch sehen, zu schauen vermögen.

Er sagte mir darauf, daß ich frieren würde. Ich sagte, daß mir das nichts ausmache. Daß ich mich ruhig so unter die Decke legen würde, wie ich sei, wenn er es wolle. Aber ich hatte nicht gewollt, daß er sofort zu weinen begann, als ich es, ohne seine Antwort abzuwarten, tat und neben ihm liegenblieb, damit er mich betrachten konnte.

Nach etwa einer Stunde hatten wir vom Spazierengehen genug, und Lída begleitete mich zu meinem Haus.

Ich schreibe und schaue auf den Bleistift in meiner Hand, auf das Papier, auf meine Finger. Einmal erzählte mir Herr L., wie Bäume wachsen; keiner sieht, wie sie wachsen, und plötzlich steht ein großer Baum da. Wir wissen alle, daß es nicht mit einem Mal geschieht. Es sieht nur so aus.

Mir fiel ein, daß ein Datum, wenn ich es schreibe, in mir etwas hervorruft, das ich nie verstehe. Wer weiß, was die Menschen im Jahre 1999 interessieren wird? Mein Leben kommt mir vor wie das Gas in einem bunten Luftballon. Ist Schreiben der Versuch, den Rauch zu fassen, der zum Himmel emporsteigt und dort zergeht, das Wasser, das einem durch die Finger fließt, festzuhalten, das Unerklärliche zu erklären?

Ich habe die Kerze ausgetauscht. Mehreren Leuten habe ich aufgetragen, mir bis zum nächsten Mal Kerzen zu besorgen. Alles ist beim alten, und doch hat sich alles geändert. Bevor Herr L. wegfuhr, brachte er mir, als erster, eine ganze Kiste Kerzen mit. Manche Leute erkennen sofort, was wichtig ist, mag es auch gestern noch nicht so wichtig gewesen sein. Manchmal genügt es mir, nur in die Flamme zu blicken. Ich beginne erst zu schreiben, wenn die Worte einen Klang bekommen, einen Klang, den sie haben, wenn mir das Schreiben von der Hand geht und ich weiß, daß es einen Sinn hat, wenn auch nur für mich. Manchmal enthält es die Zeit in mehrfacher Hinsicht; zumindest die Zeit, die bereits verflossen ist, und die, die erst kommen wird. Den Geist von Menschen, die weggegangen sind, die sich irgendwo aufhalten oder auch nicht mehr sind.

Der Kabbalist machte mich mit Rabbi B. bekannt, dem die Frau weggelaufen war. Ich schaute ihn an, wie er mich anschaute. In letzter Zeit finde ich im Blick eines Menschen die Gestalt von Leuten wieder, die weggegangen sind, auch die von Mama, Papa, von Herrn L. oder Harýček Geduld. Manchmal finde ich sie sogar bei unbekannten Leuten, denen ich auf der L- oder Q-Straße begegne. Das schlimmste ist, wenn ich die Gestalt meines Vaters auch in dem Gesicht des Fliegeroffiziers wiedererkenne, der mich wieder mal besucht und sich fast gewundert hat, daß ich noch hier bin.

»So eine kleine . . . und so eine Ausdauer«, sagte er und verschluckte das Wort hinter »kleine«.

»Alles ist uns erlaubt, und nichts ist uns erlaubt«, sagte der kleine Rabbi.

Er erzählte mir von einem Menschen, der aus der Stimme des Himmels und des Windes seinen Namen herausgehört hatte, zweimal hintereinander. Mir kam es komisch vor, aber wir alle leben hin und her gerissen zwischen dem, was war, und dem, was ist. Umgekehrt erzählte ich ihm von Ludmila. Er hielt sich an jenen Menschen, der die weiße Eselin gesattelt hatte, zwei Diener kommen ließ, Holzbündel, Feuerzeug und ein scharfes Messer zur Hand nahm und seinen jüngsten Sohn unter dem Vorwand rief, daß er ihm helfen solle.

Er tat so, als habe auch er, einem Echo gleich, die Stimmen gehört, die einst jener Mann hörte, und als sei alles andersherum, als ginge die Zeit zurück statt voran. Von dem Feuer, in dem statt eines Kalbes der Leib eines Menschen hatte brennen sollen, sprach er nicht wie von einer erwiesenen Grausamkeit, sondern wie von einem Beweis äußerster Ergebenheit. In meinen Ohren klang es nach einer verkrampften, auf den Kopf gestellten Ergebenheit. Ich möchte nicht untersuchen, wie weit diese vergangene Ergebenheit zur künftigen Ernüchterung geführt hat. Mußte jener Vater seinem Sohn einen Knebel in den Mund tun, damit es ohne Geschrei ging?

Rabbi B. mußte mir nicht mehr schildern, wie jener Mensch in die Höhe geblickt, wie sich in der Stille der Berge und der Wüste das Gespräch zwischen einem Krüppel und einem Invaliden entwickelt hatte.

Wenn ich an die Gebete des kleinen Rabbi denke, der auch hier nicht ißt, was kriecht und zugleich fliegen kann, worin sich Würmer und Blut befinden können, fällt mir gleichzeitig ein, was mir einmal jemand sagte – daß es nämlich keinen Sinn habe, ein Mauseloch des Korndiebstahls zu bezichtigen.

Doch Rabbi B. wollte, daß ich gemeinsam mit ihm aufsage, was geschehen war, nicht aber an jener Stelle unterbreche, wo der Alte, vielleicht ermuntert, verwirrt, bestärkt und eingeschüchtert von seinem Gedanken, das Messer mit der Schneide nach unten ansetzte, um seinem eigenen Kind die Kehle durchzuschneiden und es so vor den Verbrennungen zu bewahren.

Wäre es jenem Menschen damals in den Sinn gekommen, sich zu fragen, warum das so war, wir müßten vielleicht, fiel mir ein, nicht heute diese Frage stellen.

Ich erschrak bei dem Gedanken, daß er von mir vielleicht wollte, daß ich anerkenne, inwiefern es barmherziger gewesen wäre, denn wir alle wissen natürlich, daß bessere Dinge sich verschlechtern können, vor allem aber, daß aus den schlechteren noch schlechtere und daraus die allerschlechtesten werden können.

Er wollte, daß ich mir die Aufforderung, die Aktion und

deren Durchführung vorstellte. Daß ich mir aber den unsichtbaren Regen, der das Feuer löschte, wegdenken solle, daß ich indes alles sähe, jenen Menschen, den Berg, den Sohn und das Feuer, über dem er lag, während der Vater sich mühte, woanders hinzusehen.

Er benutzte ein immer enger werdendes Vokabular, in dem sich Worte wie »Feuer« und »Stille« und »Himmel« immer mehr häuften.

Letztlich kommt es immer zu »opfern oder nicht opfern, töten oder nicht töten«. Warum reden wir uns immer ein, daß wir schon weit seien, als wäre das gut so. Was ist denn so gut daran, so weit gelangt zu sein? Hätten wir nicht lieber zum Töten zurückkehren sollen, ehe man uns hier zusammentrieb wie zur Schlachtung vorgesehenes Vieh? Wen haben wir denn überholt?

»Wollen Sie behaupten, heute sei Theresienstadt das, was einst die Teufelsinseln waren, von denen mir Herr L. erzählt hat, oder Sibirien oder Torquemadas Scheiterhaufen?« Ich wollte nicht, daß er erkannte, was ich mir im Geist vorgestellt hatte.

»Und davor römische Kreuze, assyrische Lanzen, babylonische Schwerter, in jeder Generation von neuem, so wie sich auch für uns immer etwas findet«, antwortete mir Rabbi B.

»Wer wollte dauernd davon reden?« sagte ich. »Ich finde Leute widerwärtig, die zuerst und vor allen Dingen über die zweitausend Jahre zurückreichenden Leiden sprechen, als würde es noch nicht genug sein.«

Ob er sagen wollte, daß das, was war, gegenwärtig, und das, was ist, schon gewesen sei? Ich hätte ihm sagen können, daß den Menschen das Hemd immer näher ist als der Mantel, aber ich bin kein Rabbi, und schließlich ist er wegen anderer Dinge gekommen und nicht, um von alten Zeiten zu reden. Er fragte mich, ob ich wolle, daß es mir mein Vater mache? Ich küßte ihn auf die Stirn. »Und wenn ich es war, die es ihm gemacht hat?« fragte ich.

Dann sagte ich, daß ich nicht wisse, warum man sage, es sei besser, zehn Sorgen zu haben statt einer. »Wahrscheinlich lieben wir uns selbst nicht genug«, fügte ich lächelnd hinzu.

Er sagte, ich habe eine zarte und reine Haut, und er dachte daran, daß es hier um uns so stehe, als sei jede Sekunde nur ein Schlupfloch, in das hinein oder durch das hindurch es zu uns kommen werde. Und ich war froh, daß er nicht fragte, warum sich der Mensch damals nicht selbst die Kehle durchschnitten habe.

Ich wartete, bis er aufhören würde, so heftig zu atmen, als käme er von irgendwoher angelaufen oder würde im Gegenteil irgendwohin laufen. Er hatte gerötete Augen, als habe er, bevor er herkam, mehrere Nächte lang nicht geschlafen. War es möglich, daß er in einem fort und bevor er zu mir kam gebetet hatte?

Ich wartete geduldig und warf gelegentlich von der Seite einen Blick auf sein Gesicht, so grau wie das der Leute, die lange im Gefängnis sitzen. Er war ganz verschwitzt. Seine Augen waren so feucht, als sei er dabei, an Rauch zu erstikken, und er wischte sie sich aus, als wäre ihm Asche hineingeflogen.

Ich sah, daß er sich bei weitem noch nicht ausgeruht hatte, noch auch hatte sich etwas in ihm gelöst. Und dann erzählte er mir von dem Gericht, vor das der Mensch seinen einzigen Gott zitieren werde. Und er werde ihn anhand der Beweismittel, angesammelt seit der Zeit, als unsere Vorväter aus Ägypten vertrieben wurden, als sei der Umstand, von Müttern wie den unsrigen geboren zu werden, in etwa das gleiche wie Lepra zu haben, und hin über die römischen Kaiser, die spanischen Könige, die Kalifen, Kreuzritter und allerlei Gesindel bis zu Adolf Hitler, zum Menschsein verurteilen.

Ich mußte lächeln, weil mir eingefallen war, ob er wohl deswegen hergekommen sei. Wird er ihn nach Theresienstadt schicken? *Theresienstadt, Post Bauschowitz, Langenstraße Nr. 18*, als habe Harýček Geduld von seinen Eltern in Prag Lebensmittelpakete bekommen? Mir fiel ein, ob es nicht eher angebracht wäre, all diejenigen, die er genannt hatte, vor Gericht zu stellen, doch genügte mir ein Blick auf seine geröteten Äuglein, die Frage zu lassen.

Und so saß ich neben dem Rabbinerchen, und mir fiel ein, daß ich ihn nicht stören sollte, weil er selbst der Richter war, von dem er gesprochen hatte. Wer hätte das von ihm gedacht? Das Rabbinerchen war von winzigem Wuchs, mit rotem Bart, den er sich nicht gerade sorgfältig zurechtstutzte, mit roten Haaren, die er nur alle zwei Tage kämmte. Und er schaute mich – und durch mich hindurch irgendwo ins Leere – mit seinen schönen, wäßrigen und klugen Augen an, von denen ich nur schwer ablesen konnte, ob sie nun nur tränten oder ob er weinte.

»Gut, gut«, sagte ich unbestimmt.

Und dann sagte ich: »Immer wurde mir gesagt, daß es das allergrößte Privileg sei, als Mensch geboren zu werden. Warum nun die schwerste Strafe daraus machen?«

Und schließlich: »Was wollen Sie sich damit beweisen?« fragte ich.

Doch das Rabbinerchen antwortete mir nicht. Vermutlich rechnete er mit Gott ab. Vermutlich hatte er alle Hände voll zu tun. Vermutlich sah er einen Gerichtssaal vor sich, oder sah er nur meinen Speicher mit der Ratte unter der Diele, mit einer Dachluke oben und mit dem immer noch relativ ordentlich gefüllten Strohsack ohne Ammoniakgeruch. Mein kleiner Tisch, mein Stuhl, die Dachbalken und die Balken in der Diele und die geheimen Worte, die er zwar hörte, die aber ich nicht mit ihm gemeinsam hören konnte, all das faßte die Verbote zusammen, deren es im Testament dreihundertfünfundsechzig gibt, genau so viele, wie ein Jahr Tage hat, und die übrigen Gesetze, Bewilligungen, deren es wiederum so viele gibt wie Glieder in einem menschlichen Körper, insgesamt sechshundertdreizehn, wie mir der Kabbalist gesagt hatte. Er schwieg recht lange, vermutlich zog sich der Prozeß in die Länge, und Gott verteidigte sich, um nicht Mensch werden zu müssen, oder er war es schon beinahe, mußte sich aber immer noch vor dem Rabbi verantworten und ihm beichten, als könnte man einer Sache durch irgendeine Entscheidung ein für allemal ein Ende setzen.

Es waren komplizierte Beweise, und das Rabbinerchen achtete wohl peinlichst darauf, das menschliche Los von allen Seiten zu zeichnen und nichts auszulassen.

Und dem Gesicht nach, das mein Rabbinerchen machte, als würde er vor Wut ersticken oder vor Erschöpfung weinen oder fände keine Worte mehr und wolle es mit den Augen zum Ausdruck bringen, mit dem halbgeöffneten Mund, den Schweißstriemen, die ihn überall bedeckten, mit der im Bund offenen Hose und dem Hemd, das gewaschen werden mußte, nach alldem konnte man daran zweifeln, daß Gott mit seiner Verteidigung eine Chance haben oder das Rabbinerchen ihn von der Anklage befreien oder die Gerichtsverhandlung wenigstens auf morgen oder auf unbestimmte Zeit vertagen würde.

Das Rabbinerchen machte ein verbissenes Gesicht wie einer, dem man schon des öfteren in den Rücken gefallen war, den man betrogen hatte und der nun genug von allem hatte und bei seinem »Entweder-Oder« angelangt war.

Vermutlich bekam es aber Angst vor seinem »Entweder-Oder«, da ihm der Atem stockte und ihm die Worte in der Kehle stecken blieben. Vermutlich hatte es mehr Beweismittel zusammengetragen als erwartet.

Ich kam mir in meinem Speicher plötzlich wie in irgendeinem Tunnel zwischen Himmel und Erde vor. Ich durfte mir vorstellen, wie Recht gesprochen wurde, was wer sagte, wie man es von allen Seiten durchleuchtete und wie dem Rabbinerchen wohl seine eigene Stimme klang, mit der es über Gott das Urteil sprach: »Gott, ich verurteile dich für all das, was du zugelassen hast, zum Menschsein. Du bekommst eine Nummer wie ein Mensch und entsagst allem, woran du dein ganzes Leben lang gearbeitet hast, behältst davon nur fünfzig Kilogramm, stellst dich im Ausstellungspalast ein und fährst mit einem Güterzug nach Theresienstadt. Du verlierst alle Rechte, die den Menschen vom Tier unterscheiden, den Menschen, der das Feuer, die Schrift und die Würde erfunden hat. Doch damit nicht genug. Du wirst Hunger und Kälte leiden. Du wirst das Vertrauen in die Zukunft verlieren. Du wirst krank sein und findest keinen Arzt, du wirst einsam sein, aber du wirst nicht wissen, was mit deinen Nächsten geschehen ist. Und auch wenn du in einer der hiesigen Unterkünfte Platz bekommen solltest, du wirst Tag und Nacht zittern vor Angst, einer ausgesprochenen und auch unausgesprochenen, einer sichtbaren und auch verborgenen Angst, daß dies noch lange nicht die letzte Station sei, daß die nächste Buchenwald, Bergen-Belsen oder Auschwitz-Birkenau bei Neuberun sein werde, doch du wirst dich auf nichts und niemanden mehr berufen können, weil du sowieso nur enttäuscht würdest, sooft du dich auch beriefest, denn du wirst einer von uns sein.«

Für einen kurzen Moment stellte ich mir meine alte Ratte als Beisitzerin bei Gericht vor. Und die Gürtel deutscher Soldaten, auf denen *Gott mit uns* geschrieben steht.

Schließlich mußte das Rabbinerchen, seinem Äußeren nach zu urteilen, seinen Gott gesehen haben, einen Gott, der keine Berufung einlegen kann, weil er ein Mensch ist und wie Josef Eisen vom Block XII, Ubikation 1-124, Sudetenkaserne, aussieht, der fünf Wochen bekam, weil er seinem Zimmergenossen, der während einer Nachtschicht Kohle von der Rampe schippen mußte, zwei Paar Schuhe, einen Wecker und zwei Paar Socken entwendet hatte, oder wie Willy Falk, der für sechs aus der Post entwendete Lebensmittelpäckchen zehn Wochen erwischte. Alle Angeklagten sind sich irgendwie ähnlich, fiel mir ein, und ich schaute das Rabbinerchen an, ob es mit seiner Gerichtsverhandlung zu Ende sei.

Ich seufzte. Auch das Rabbinerchen seufzte. Ich gähnte. Doch das Rabbinerchen holte nochmals tief Luft, und aus den Augen flossen ihm die Tränen in Strömen.

»Zum Glück haben wir schönes Wetter«, sagte ich. »Es

hieß, daß ein harter Winter bevorstehe und daß keiner Kohle oder Holz bekommt.«

Dann begann das Rabbinerchen, seine Hose und sein Hemd zuzuknöpfen, zog sich sein Mäntelchen an und band sich den Schal um den Hals. Es verschmierte sich Ruß im Gesicht und sah, während es fortging, gebeugt aus wie ein Richter, der auf dem Weg hierher etwas verloren hat und es nun, gesenkten Hauptes, auf dem Rückweg sucht.

Erst nachdem er weggegangen war, fiel mir ein, ob er nicht zufällig deswegen geweint hatte, weil er Gott mangels Beweisen freigesprochen hatte. Oder wegen eines Übermaßes an Beweisen. Oder deshalb, weil er irgendwo neu anfangen mußte.

Er sei, als ihn seine Frau verlassen habe, erzählte mir dann der Kabbalist, allein geblieben, und ich sei die erste gewesen, die er aufgesucht hätte. Sie war angeblich ebenso klein gewesen wie Rabbi B. Doch sei sie schön gewesen und habe fast acht Stunden täglich vor dem Spiegel verbracht. Sie sei vom Spiegelglanz regelrecht besessen gewesen. Wenn sie in eine Gesellschaft gekommen sei, wo man einen Spiegel hatte, habe sie den Leuten über die Schultern geschaut, um sich zu betrachten.

»Wie wollen Sie erkennen, daß die ganze Welt stirbt, wenn doch möglicherweise nur wir beide sterben?« fragte ich.

»Daran, daß die Rücksicht des Menschen dem Menschen gegenüber stirbt«, antwortete er.

Manchmal lache ich, weil ich Angst habe, und das Rabbinerchen war plötzlich nahezu furchterregend.

Ich bin das Irrenhaus anschauen gegangen, und es ist das erstemal gewesen, daß ich alleine gegangen bin. Alles scheint dort noch verlassener und verwachsener zu sein. Fürchtet Ludmila noch immer am meisten, verrückt werden zu können?

Es muß ein langer Weg sein, den ein jeder geht, und er

führt durch eine Art Tunnel, der Tausende von Jahren lang ist. Mir fiel ein, daß jedes Blatt, das auf den Bäumen rund um das Irrenhaus wächst, nur deshalb wachsen kann, weil es derartige Bäume hier gibt. Es mag lächerlich sein, aber plötzlich komme ich mir wie ein Blatt vor, dem der Baum bewußt wird. Zum Glück ist das Irrenhaustor verriegelt, die Fenster sind von innen verdunkelt, und das Gitter erlaubt es keinem hineinzukommen, selbst wenn er es wollte.

Einmal sagte Ludmila wie aus heiterem Himmel, daß es noch gut sei, daß es die Irrenhäuser gebe.

Einmal unterhielten wir, Lída und ich, uns über Ratten, und ich sah ihr an, daß es ihr Mühe machte, über Ratten zu sprechen, als spräche man über das Wetter. Aber sie hatte selbst davon angefangen:

»Gibt es hier bei dir eine Ratte oder vielleicht eine ganze Rattenkolonie?«

»Zufällig habe ich hier nur eine alte Rattenkönigin«, sagte ich. »Einmal ist eine andere Ratte erschienen, und ich dachte schon, als die sich so beäugten, daß sie sich näherkommen würden, aber meine Ratte fiel plötzlich über die andere her und verjagte sie.«

»Stimmt es, daß nur Ratten und Menschen sich gegenseitig ausrotten?«

»Ich sage, daß ich es nicht weiß, weil ich es nicht weiß«, antwortete ich. »Und wie steht es mit den Wölfen? Und mit den Krokodilen?«

»Die Ratten sind überall, wo Menschen sind«, sagte Ludmila. »Sie sind auch auf Schiffen.«

»Das kann man auch andersherum sagen«, schlug ich vor.

»Mir macht es Mut, daß die Menschen die Ratten nicht losgeworden sind, auch wenn sie sie ausrotten wollten wie die Deutschen uns. Mir würde somit auch eine rein zufällige Ähnlichkeit Freude bereiten«, fügte sie hinzu.

»Viel ist es nicht, was ich über Ratten weiß. Zum Beispiel hat Herr L. mal behauptet, daß die Ratten, wie etwa die Eulen oder die Schlangen auch, Nachttiere seien; aber meine Zimmergenossin hat wohl verkehrte Gelüste. Sie vermehren sich wie die Kaninchen. Vielleicht verstehen Ratten die menschlichen Gewohnheiten besser als manche Leute«, sagte ich. Mich störte, daß Lída sich mit den Ratten verglichen hatte.

»Vielleicht vermögen nur die Ratte und der Mensch zu überleben, was überlebbar ist«, sagte Ludmila.

»Lassen wir das, ja?« fragte ich leise.

Mir hob sich der Magen. Aber auch Lída hob sich der Magen; doch nicht der Ratten wegen; sie wollte mit dem Gerede über Ratten etwas anderes verbergen. Sie wollte mir sagen, daß die Ratten im Mittelalter die Pest verbreitet hätten, nicht wir, wie man es auf ihre und meine Urgroßmutter und ihren und meinen Urgroßvater abzuwälzen versucht hatte – und jetzt übertrugen sie die Gelbsucht. Irgendwer hatte mir mal erzählt, daß es die meisten Ratten in Häfen, an Flüssen und auch an den Meeren gebe, wohl deshalb, weil dort die größten Vorratslager sind, die Getreidespeicher, das Wichtigste, was die Menschen haben, Speise.

Am Ende gleitet für mich alles zum Essen hin. Wahrscheinlich bin ich immer noch naschsüchtig.

Wir hatten damals mit Lída zusammen Karten fürs Kaffeehaus bekommen und trafen uns mit Leuten aus dem Umkreis der *Gettoswingers.* Diese Leute leben wie im Traum, sind dazu überall in der Lage.

Die Karten gab mir die Managerin, Frau Itsikson, die nicht nur wie vordem Paulas Mutter aussah, sondern wohl auch den gleichen Beruf ausübte, bevor sie hierher kam.

Ich weiß, daß sie in den Anfangszeiten des Kaffeehauses hier den Kellnerinnen, als wären sie irgendwo in London, gesagt hatte: »Ihr dürft alles in der Welt annehmen, meine Damen. Gold, Silber, Edelsteine oder eine Mark zwanzig. Aber es muß Klasse haben. Wie doch meine Mutter in der Karpathoukraine noch sagte: ›Hast du Brot, ein Messer zum Schneiden wird sich immer finden.‹«

Sie erzählte uns, wie sie ihre Karriere in einer Bar begonnen hatte. Und wie sie anfangs die Gäste zum besten hielt. Sie log sie an und wurde von ihnen angelogen. Sie gab sich die verschiedensten Namen. Marta Andreotti, Cecilie Bernini oder Rosalia Fergusson. Einmal nahm sie nach Dienstschluß einen Matrosen, der ihr wirklich gefiel, mit aufs Zimmer. Am Ende ließ er über ihrem Bett einen Fünfziger aus der Tasche fallen. Sie sagte ihm, daß er Geld verloren habe, daß er sich den Fünfziger wiedernehmen solle. Er antwortete ihr, daß sie ihn behalten könne. Sie hielt das für einen recht schlechten Scherz. Aber dann merkte sie, daß das, was anfangs wie Spiel und Scherz ausgesehen hatte, zunehmend unangenehmer wurde, denn es begann wahr zu werden. Als sie jedoch den Gästen die Wahrheit sagte, dachten diese, sie würde lügen. Schließlich war sie nicht einmal mehr in der Lage, sie davon zu überzeugen, wie sie wirklich hieß.

»Die Musik hier ist gut«, sagte ich.

»Falls du es überlebst, bekommst du noch bessere Musik zu hören«, sagte die Managerin. »Dafür werde ich persönlich sorgen.«

»Ich weiß«, sagte Lída. »Das wird dann wie in dem Gedicht von Harýček Geduld sein, wo wir uns nach dem Krieg für jeden einzelnen Tag, den wir hier verschustert haben, Reparationen zahlen lassen.«

»Klar«, sagte ich. »Zwischen zehn und zwölf kommt man einfach zur Kasse, und ein Herr in einem schwarzen Anzug zahlt jedem für jeden Tag, den er hier verbracht hat, ein hübsches Sümmchen aus.«

»Es ist nie zu spät, wenn man ein Deutscher ist«, sagte Ludmila.

Frau Itsikson schaute mich an, lächelte und ging ihrer Wege.

Einmal. Briefpapier mit dem Monogramm V.W. Irgendwer ließ mir ausrichten, daß ich gefährlich sei, daß ihn meine Existenz belästige und daß ich nachts Krawall mache, ganz abgesehen davon, daß ich auf der Straße ein unangenehmer

Anblick sei. Ich wohne nach der Abfahrt von Herrn L. wohl schon zu lange in meiner Mansarde.

Ich lese noch einmal durch, was ich geschrieben habe. Ich weiß, daß die armselige »schreibende Stimme« das einzige ist, was wirklich mir gehört. Ich muß nicht mit irgend etwas vergleichen, um zu wissen, daß meine Begeisterung, selbst wenn ich manchmal für mich allein ausrufen möchte: »Das ist es!«, fast genauso rasch verfliegt, wie sie gekommen ist. Ich möchte möglichst viel in möglichst kurzer Zeit erreichen und sehe zugleich, wie mir selbst die klarsten Bilder wie Sand zwischen den Fingern zerrinnen. Ich versuche, mich von nebensächlichen Kleinigkeiten loszureißen. Manchmal schreibt es sich schön. Dieses »schön« bedeutet, daß ich fast genau weiß, was ich schreibe, daß ich mich nicht mit übertriebener Energie in die Sätze versteige, einer Energie, die mir sonst zuflüstert: »Wenn du dies und das nicht sofort niederschreibst, wirst du es vergessen, geht es verloren, und du wirst nie mehr das Wesentliche davon wiederfinden.« Und wenn ich vom Schreiben nicht einmal soviel halte, lege ich den Stift lieber auch im Geiste weg.

Ich habe nie verstanden, warum man mir das, was man auch den anderen Mädchen einreden wollte, sagte, daß nämlich soviel Schlechtes damit verbunden sei. Und daß ich mich auf nichts einlassen solle, wenn ich nicht verlieren wolle, was jeder nur einmal hat. Ich habe seit jeher daran gezweifelt, daß man lieber gar nichts anfangen sollte, es sei denn, man heirate gleich. Vielleicht haben sich die Menschen so viele Sachen verleidet, daß nun auch das hier dabei ist.

Gewiß hat jeder seine eigene Grenze, die bewirkt, daß er seine Arme nur einem einzigen oder gleich achtzehn Menschen öffnet, so wie es bei mir und Ludmila in der L 218 gewesen ist, bevor Harýček Geduld und seine Leute wegfahren sollten und Lída alles, was sie immer schon wollte, gleich achtzehnfach bekommen hat. Einer erreicht eine derartige

Zahl mit einem Mal, und ein anderer braucht sein ganzes Leben dazu.

Mancher hat ein langes, ein anderer wiederum ein sehr kurzes Leben, das ist alles, was ich dazu sagen kann. Ich erinnere mich gut, wie gespannt ich war bei meinen ersten Sünden. Da war irgendeine Art Kitt drin, der nun mein ganzes Leben zusammenhält, auch wenn er mein Leben zugleich spaltet. Ich könnte schwören, daß das wahr ist. Dies mag die beste Art Verbindung sein, so als würde ich mit den Menschen, der Welt, mit allem, was das Leben bedeutet, auf eine wesentliche Art verschmelzen. Selbst wenn auch das, wie alles sonst, andere Seiten hat. Vor allem ist so eine Verbindung angenehm. Sie enthält etwas, ohne das ich mich verloren fühle. Es gibt allerdings eine dünne Grenzlinie dabei, die ich nicht überschreiten darf, wenn ich nicht beschädigen möchte, was erst noch kommt.

Wenn ich sehe, wie jemand das Interesse verliert, verliere ich zugleich damit das Gute, das bis dahin in mir gewesen ist. Vielleicht wissen das viele schon von Anfang an. Und es stimmt, daß ich, wie ich mal zu Harýček Geduld sagte, mich buchstäblich allem öffnen, die ganze Welt umarmen könnte. Und schließlich steckt da der Schlüssel, mit dessen Hilfe ich zu erkennen vermag, wer was ist und wer ich mit diesem oder jenem Menschen selber bin, bessere und schlechtere Seiten inbegriffen.

Ich glaube, daß das die Art von Liebe ist, mit der die Mütter lieben. In der Beziehung zwischen Mutter und Kind ist seitens der Mutter eine Art umfassende Zustimmung vorhanden, die aktiv wird, längst bevor wir geboren werden. Und sie äußert sich sowohl im Körper der Mutter als auch in meinem Körper.

Es gibt diesbezüglich keinen Vertrag, den der eine erfüllt und der andere verletzt. Es ist kein Stolz darin, obgleich doch auch Stolz darin ist. Sorglosigkeit und Ergebenheit sind darin. Ein Fest, zu dem wir nur uns selbst benötigen, nicht

Reichtum, Schlösser, Residenzen, Inseln. Manchmal, wenn nicht mehr viel Zeit bleibt, ein Fest für alles auf einmal. Bei mir äußert sich das vor allem an der einen Stelle. Ich fühle die Welt am stärksten zwischen den Beinen.

Ich habe das Gefühl, als könnte ich wirklich damit die ganze Welt erkennen. Und das genügt völlig, um meinetwegen mit dreihundert Leuten auf einmal zu gehen. Und dann ist noch ein Drittes da. Dieses allumfassende Gefühl ist nicht von Dauer. Es geht zurück, und danach fühle ich mich nicht mehr so gut.

Manchmal kehre ich zu den Tagen zurück, wo ich zum erstenmal mit Jungens ging. Ich konnte nicht glauben, daß Männer eine solche Angst vor Mädchen haben könnten, daß am Ende die Mädchen den Männern nachlaufen müßten. Und das Ergebnis davon war, daß jeder Junge, der, als ich zwölf oder dreizehn war, Interesse an mir zeigte, für mich so etwas war, wie es Freitag auf der menschenleeren Insel für Robinson war.

Es war immer eine Erkenntnis – es war jene Sache – jene Sachen –, die für eine Weile ein Eigenleben führten. Ich wußte, was ich von mir erwarten würde, wenn ich für eine Weile ein Mann wäre.

Ich erinnere mich, wie Papa mich mal zur Tante aufs Land geschickt hatte. Es war in der größten Hitze, und jeden Tag wartete ich darauf, daß irgend etwas passierte. Dann entdeckte ich am Rande des Gutsbezirks, da, wo der Wald anfing und wo am Feldrain eine riesige Linde emporwuchs, eine Scheune, wo sich allabendlich der Lehrer mit einer Frau vom Gut küßte. Sie begannen unter dem Baum und versteckten sich dann unter einem Wagen, und ich konnte im Mondlicht beobachten, wie sie sich liebten. Ich beneidete die Frau und wünschte mir, an ihrer Stelle zu sein. Ich wünschte mir, daß uns der Lehrer abwechselnd nähme, daß ich dort läge und daß er ab und zu mich küßte und liebte. Ich weiß, daß der

Lehrer später, wenn ich ihn anschaute und ihn zu grüßen begonnen hatte, meine geheimsten Gedanken kannte. Er lächelte zum Gruß wie ein Mensch, der weiß, welches Geheimnis beide verbindet.

Ich erinnere mich, wie ungern ich am Ende der Ferien wieder wegfuhr, doch ehe ich wirklich abfuhr, küßte mich der Lehrer zum Abschied auf den Mund. Ich habe viele meiner Lehrer vergessen. Den Kuß dieses Lehrers habe ich niemals vergessen.

Jetzt fällt mir ein, daß er vielleicht wußte, daß ich sie beide beobachtet hatte, als sie sich küßten und liebten. Die Frau wußte es sicher nicht, aber mit allergrößter Wahrscheinlichkeit wußte er es. Konnte er sich, wie seinerzeit der alte O., als er uns mit Ludmila zur *Fledermaus* im Feuerwehrhaus begleitete, einbilden, mit zwei Frauen gleichzeitig zu sein, mit einer erwachsenen und reifen Frau und mit einem Mädchen, damals wirklich noch ein halbes Kind? Warum wollen Männer so etwas?

Er war ein rothaariger, lachender Mann, eher wie ein Arbeiter als wie ein Lehrer gekleidet. Mit starken Armen, breiten Schultern und schmalen Hüften, wie der Tarzandarsteller, den ich als kleines Mädchen mit Papa im Kino gesehen hatte. Ich habe nie aufgehört, ihn zu lieben, und nie habe ich aufgehört, davon zu träumen, daß alles wie damals sei und daß er dort in dem Heu, im Mondlicht, nahe beim duftenden Wald und in einer heißen Sommernacht, daß er dort mich und die Frau oder die Frau und mich liebe.

Nur entfernt erinnere ich mich an den Schmerz und das Blut, und nur, weil es mir fast sicher zu sein scheint, daß so etwas dabei war. In der Schule habe ich schon in relativ niedrigen Klassen Bekanntschaften geknüpft, doch im Augenblick, als es den Anschein hatte, daß die Jungen meine Vorschläge akzeptieren würden, habe ich immer einen Rückzieher gemacht. Das war noch das Echo von Mama, die über alles, was mit den Jungens zusammenhing, mit Geschlecht, mit Krankheiten, entsetzt war. Und so habe ich freundschaftlichen Beziehungen mit gelegentlichen Berührungen und Küssen den Vorzug gegeben.

Aber das grundlegende Gefühl war, daß ich das alles hinter mich bringen wollte. Mein erster wirklicher Mann war ein neunzehnjähriger Installateur, der mich in eine geliehene Wohnung einlud. Dort hatten sie eine Lampe, die er, wie ich mich heute noch erinnere, ausmachte, worauf ich nervös wurde. Die Lampe hatte alles in einer eigenartigen Weise beleuchtet, und auch die Dunkelheit danach war eigenartig. Irgend etwas sagte mir: »Jetzt kommt's, das ist es.« Ich glaube, daß er keine Zeit verlor. Ich erinnere mich noch, daß ich ihn ansehen wollte. Ich wollte mir das Wichtigste ansehen.

Ich begann an Mama und Papa zu denken. Ich hatte Angst, daß ich nichts wisse. Ich begann am ganzen Körper zu schwitzen. Vielleicht tat ich so, als tue ich derartige Sachen schon seit langem, aber meine Angst wurde zunehmend größer. Ich erinnere mich, wie er erschrak: »Was ist?« fragte er. Ich antwortete ihm, daß ich das erste Mal so mit einem Jungen beisammen sei. Auch wenn ich in irgendeinem Winkel meiner Seele gedacht haben mag, daß das nicht so sei. Er begann nervös zu werden. »Das habe ich nicht gewußt«, wiederholte er. »Du hattest gar keine Angst.« Er sprach über meine Angst und verbarg die seine. Und wir waren beide nervös, denn er konnte nirgends Spuren davon finden, daß ich das erste Mal mit einem Mann zusammen wäre. Er schaltete die Lampe ein. Sicher hatte er Angst, daß ich so jung war. Und dann fiel mir ein, warum er nicht einfach gefragt hatte. Ich hätte ihm geantwortet, und alles wäre klargewesen. Aber das konnte ich mir erst später erklären, als es öfter vorkam. Er wollte sich in Wirklichkeit in nichts verwickeln, nur mein Körper interessierte ihn, die angenehmere Seite.

Den Rest des Tages fühlte ich mich damals miserabel. Die Nacht war schrecklich. Und der Morgen war das Schlimmste. Ich sagte mir immer wieder: »Gott, warum hast du es zugelassen, daß ich mit dem Installateur schlief?« Dabei lachte ich aber wie verrückt. In Wirklichkeit war ich glücklich, das getan zu haben, was zuvor meine Mama, meine Tante, die Großmutter, was alle verheirateten Frauen in unserer Familie getan hatten. Den ganzen Tag verbrachte ich in der Sorge, ob Mama es mir ansehen werde. Sie sah mir nichts an.

Das war es, was mich zum erstenmal lehrte, mich nicht so sehr um den nächsten Tag zu kümmern. Manchmal funktionierte es gut, ein andermal weniger gut. Manchmal freute ich mich, manchmal bemitleidete ich mich. Es ist möglich, daß man in dieser Hinsicht die anderen überschätzt, weil man sie zugleich in den meisten Fällen auch unterschätzt. Ich hatte von jeher die Neigung, mir im Leben meine eigenen Regeln zu suchen. Doch immer, wenn ich sie gefunden hatte, begann ich selbst als erste, sie nicht zu mögen. Vielleicht weil sie nie länger hielten als einen Tag, eine Nacht, manchmal auch das nicht. Aber ich wußte, daß »etwas« daran sein mußte, wenn sich immer wieder Leute fanden, die von mir das gleiche wollten wie ich von ihnen. Und ich weiß, daß ich etwas habe, das mir gehört, und daß ich es dennoch nicht nur für mich allein besitze. Nie habe ich glauben können, daß es nur schlecht sei. Wenn es wohl auch, wie alles in der Welt, nicht nur gut sein kann.

Ich fühle mich, als säße oder ginge ich auf Nadeln. Der Kopf tut mir weh. Wieder ist es, ohne daß etwas passiert wäre, der unverhoffte Wechsel, dessentwegen mir alles, was mein Leben betrifft, verdächtig erscheint. Woher kommt das? Wohin kehrt es zurück? Wohin führt das alles? Gelegentlich kommt es mir so vor, als benötigte ich einfach nur irgendeine Nadel, lang genug, um mich bis ins Hirn zu durchbohren und frische Luft in meinen Kopf hineinzulassen. Als wäre die durch alles und nichts bewirkte Beklemmung das Stärkste von allem, als würde sie alles überdecken.

12. Dezember. Dreimal. Dreiundzwanzig Mark. Ein Sechzehntel Roggenbrot. Ein Beutel getrocknetes Suppengemüse.

Ich habe Durchfall. Manchmal habe ich Durchfall vom Essen, ein andermal nur deshalb, weil ich nicht weiß, was sein wird.

III

13. Dezember. Einmal. Eine Tafel Schokolade. Drei rohe Kartoffeln. Fünf Mark.

14. Dezember. Ludmila fragte mich vor ihrer Abfahrt auf dem Bahnsteig, wohin ich sie vor dem Transport begleitet hatte und eine von ihren Kisten, die mit einer Schnur festgezurrt waren, trug: »Glaubst du, daß es einen Teufel gibt?«

Ich schaute sie an: »Und du?«

»Ich habe den Eindruck daß ich ihm schon oft begegnet bin und daß ich ihm täglich begegne«, antwortete sie nahezu traurig. »Und wenn du mich fragen solltest, ob er nun Hörner, Pferdefüße und überall Haare hat oder ob er wie ein Affe plärrt, dann muß ich dir verraten, daß das nicht so ist. Er sieht wie ein Soldat in Uniform aus, wie ein Beamter mit Weste und einer Taschenuhr, die er nie aufzuziehen vergißt, oder wie ein Versicherungsagent. Und es sind nicht nur Männer, es sind auch Frauen. Manchmal spricht er mit mir, aber nie, um mir genau zu sagen, worum es geht. Du brauchst mich nicht so anzusehen, als wäre ich Melisa F.«

»Ich weiß«, sagte ich. »Und wenn er spricht, dann spricht er deutsch.«

»Er spricht auch deutsch, natürlich, aber er spricht seine eigene, persönliche Sprache.«

»Und sieht er immer wie ein Mensch aus?«

»Wahrscheinlich würdest du mir nicht glauben, wenn ich dir sagte, wie er aussieht. Nicht einmal im Traum würdest du sagen, daß das der Teufel ist. Manchmal ist es der Wind, es ist der Regen, der Schneestrum oder der Güterzug. Manchmal ist es die Hoffnung oder die Illusion. Aber es ist auch der Moment, wo Häuser einstürzen, weil die Erde bebt, oder wo Züge aufeinanderfahren oder wo betrunkene Soldaten, wenn sie aus dem Kasino kommen, über die Frauen herfallen. Gestern zum Beispiel kam er, um mir zu sagen, wie ich mir die Transportnummer um den Hals hängen solle, und er sagte: ›Ich versäume nie etwas, und du holst nie mehr etwas nach.‹«

»Vielleicht hat er gelogen«, sagte ich.

»Ich bin froh, daß ich fahre, mir kommt sowieso alles verworfen vor.«

»Verworfen kommt es mir eher vor, jemanden zu töten, der einem nichts getan hat, oder ihn nicht zu töten, wenn er dir, im Gegenteil, so viel getan hat, daß er verdiente, getötet zu werden«, sagte ich. Dann wartete ich mit ihr auf den Zug, um mich zu vergewissern, daß überhaupt Waggons anlegten. Es wird, wie wir gut wissen, vor jedem Transport behauptet, daß die Deutschen keine Waggons mehr hätten oder daß die Schienenstränge zum Osten zerstört seien; aber bis jetzt kommen und fahren alle Züge pünktlich.

»Manchmal ist es kleiner als ein Stecknadelkopf«, sagte ich.

»Weißt du, wenn es so ist, wie man sagt, werde ich mich erst ganz am Ende ausziehen«, sagte Ludmila.

»Wer weiß, wieviel an wüsten Fantasien in all dem steckt, was behauptet wird«, antwortete ich langsam, damit es ihr nicht verdächtig vorkam. Ich dachte an die Anzeichen, die ich mir aus allem, was Herr L. mir noch zu sagen imstande war, zusammengereimt hatte. »Halte mir dort einen Platz frei, aber unter Berücksichtigung dessen, was ich liebe«, fügte ich hinzu.

»Wie komme ich dir vor?«

»Du meinst, wie du aussiehst?«

Ich war froh, daß Lída vergangene Nacht auf jene Art erwachsen geworden war, an der ihr so sehr gelegen hatte. Ludmila fuhr im selben Mantel weg, in dem sie gekommen war und in den ihr Vater noch in Prag einen Tausender hatte einnähen lassen. Sie hatte warme Stiefel an, wie für Sibirien, einen Schal um den Hals, und auf dem Kopf ein blaues Barett.

»Du siehst gut aus«, sagte ich. Noch am Tag zuvor hatte mich Ludmila ihre Fragen gefragt, als könnte sie nicht verstehen, was Menschen alles zu schlucken vermögen, nicht nur Frauen. Sie sah wirklich aus, als würde sie in ein Wintersportzentrum fahren, so wie manche Jüdinnen aus Berlin hier ankamen, denen man ein Kind in den Bauch einreden konnte.

»Ich hoffe, daß du die beste Wäsche mithast«, sagte ich wieder. Eigenartig, daß Menschen, die wegfahren, immer schön sind. Menschen, von denen man weiß, daß man sie nie wiedersehen wird.

Wir redeten noch eine Weile, wobei ich möglichst lässig sagte, ich fürchte, daß der für mich geeignetste Zug schon weg sei und daß es, wenn ich führe, nicht mehr so nobel zugehen werde, mit verdeckten Waggons, und Ludmila verschluckte den Einwand, daß letztendlich keiner mehr etwas versäumen werde und ich mir keine Sorgen machen solle. Sie rückte sich die Nummer um den Hals zurecht, als handle es sich um ein Medaillon an einem goldenen Kettchen und nicht um ein Stück Pappe mit der Nummer 137 an einem Schnürchen aus Hanf. Und sie nahm ihre Kisten. Dann trug ich ihr auf, alle Bekannten, die sie im Osten treffen werde, zu grüßen.

Einmal. Ein Suppenwürfel. Ein Haarnetz. Ein Morgenmantel. Zwei Mark.

Mir kam in den Sinn, alle letzten Worte, die irgendwer, bevor er mit dem Transport nach Osten fuhr, gesagt hatte, in meinem Gedächtnis zu sammeln. Mama: »Du hast einen so kleinen Kopf.« Sie hatte nichts anderes gesagt, und es liegt mir noch dauernd in den Ohren, warum sie gerade das und nichts anderes sagte. Meine Schwester sagte: »Es regnet.« Mein Bruder hatte mich – das allerletzte, was er mich überhaupt hatte fragen können – gefragt: »Bist du nicht mehr schläfrig?« Papa hatte gelächelt: »Wir werden aufeinander warten.« Harýček Geduld hatte als letztes von sich hören lassen: »Jedesmal weniger Waggons.« Herr L. hatte mir, wenn ich mich recht erinnere, den Kopf gestreichelt, mich angeschaut, als wolle er mich in sein Gedächtnis einprägen, und gesagt: »Nur einmal. Jeder nur einmal.« Und Laszlo Berkovič: »Mit Kindern gibt es überall mehr Spaß.« Milena: »Dort werde ich es dir sagen können.« Der Vater zweier kleiner Mädchen, der es vermutlich so hatte einrichten können, daß sie in Theresienstadt bleiben konnten, während er selbst wegfuhr: »Bleibt beieinander.« Warum hatte er nicht gesagt: »Geht nie auseinander«? Warum hatte Mama gesagt: »Du hast einen so kleinen Kopf«? Josef Reinisch hatte zu Diana gesagt: »So ist es immer das beste.« Irgendwer hatte zu einem kleinen Kind gesagt: »Du mußt Kraft haben.«

Aber auch die dem Transport vorausgehenden Gespräche waren eigenartig, als würde man unbekleidet in den Regen hinausgehen und so tun, als ob es nicht regne, irgendwas in dieser Art. Irgendwer hatte gesagt, als würde er uns auslachen: »Wir fahren schon, und ihr müßt noch warten.« Ein gutaussehender Herr hatte wohl vor sich hin geflüstert: »Hochblicken.« Ach, hatte ich mir im Geist gesagt, hoch, ist das soviel wie tief? Er war angezogen, als würde er eine Urlaubsreise in die Berge oder ans Meer machen. Er hatte wohl früher ein schönes Leben gehabt, dachte ich. Eine Mutter hatte zu ihrem Kind gesagt, es solle immer seine Schnürsenkel ordentlich binden. Irgendwer hatte gefragt, wie viele Waggons der Zug habe. Und es sei, falls es ein Arbeitstransport wäre, gut, daß außer Männern auch Frauen führen und daß es im Transport keine Überalterten gäbe, wahrscheinlich sei es wirklich ein Arbeitstransport.

Einmal sagte mir Herr L., daß Menschen, bevor sie eine Hochspannungsleitung berührten, solche Sachen sagten wie, daß es wohl Regen geben werde oder daß, andersherum, hohe sommerliche Temperaturen zu erwarten seien. Manche Selbstmörder hätten, noch zu Zeiten, als sie alles in Ruhe hatten vorbereiten können, Abschiedsbriefe geschrieben, in denen sie so taten, als gingen sie auf eine Reise, und für die Hinterbliebenen Anweisungen hinterlassen, wo der Schlüssel zum Keller zu finden sei, welche Rechnung nächsten Monat gezahlt werden müsse und ähnliches mehr. Diana von Dubai hatte Reinisch mit den gleichen Worten geantwortet, wohl das letzte, was sie im Leben einander gesagt hatten: »So ist es im Leben immer das beste.«

Und so sitze ich hier mit den letzten Worten von Menschen, die es hier nicht mehr gibt, und ich kann sie sortieren, als wären Worte so unzugänglich wie Brunnenschächte, in denen mehr Wasser enthalten ist, als man auf den ersten Blick vermuten würde.

Der Erste Vorsitzende des Ältestenrates hatte, wie ich von Herrn L. weiß, bevor er wegfuhr, nur folgendes gesagt: »Das Leben ist.« Aber er hatte nicht gesagt, was es sei. Er war bemüht, gerade zu stehen. Vielleicht hatte er eben dadurch etwas gesagt. Ich hatte den Eindruck, als hätten die Menschen mit jenen letzten Worten, wie man sie vor dem Transport zu sagen pflegte, feststellen wollen, daß alles, was bis dahin wichtig gewesen war, nicht mehr so wichtig sei für diejenigen, die bleiben. Und auch, daß vieles von alledem anders sei, als man sagt.

Ich weiß nicht. Ich weiß nicht. Ich weiß nicht. Ich frage mich, was ich wohl sagen würde, wenn ich jetzt fahren müßte, aber ich müßte mir zunächst im Geist überlegen, wem ich etwas sagte.

Einmal Haarshampoo. Rattengift. Ein Fläschchen Aspirin.

Letztlich ist uns mit Herrn L. nichts geglückt, weil ich krank gewesen bin. Manchmal übergehe ich eine Grippe, und nichts geschieht, und ein andermal brauche ich drei Tage, bis ich mich wieder erhole. Herr L. sah zweimal nach, wie es mir ging, und einmal deckte er mich mit seinem zottigen Pelzmantel zu, den er als Mitglied des Ältestenrates hatte behalten dürfen, während die anderen ihre Pelzmäntel den Nazis abgeben mußten, genauso wie ihren Schmuck, die Klaviere und den unterschiedlichsten Luxus einschließlich der Möbel. Vielleicht hätte er mir nicht zuvor sagen sollen, was er mir sagte, weil ich mir zuerst Harýček Geduld, dann Ludmila und zum Schluß mich selbst in einem Faß mit eiskaltem Wasser vorstellen mußte, zwölf, sechzehn Stunden lang, und wie sie mich dann vermaßen. Oder ich sah mich als Mitglied einer Putzkolonne, wie ich mit Besen und Lumpen die roten Flecke von den Wänden wischte, von denen die kleinen Babys abgeprallt waren.

Er brachte mir Aspirin, aber ich hatte noch nie Medizin genommen und lehnte es ab. Vom Keller her konnte man den verrückten Musiklehrer hören, der im Herbst hier eingezogen war und selbst bei stärkstem Frost auf seiner Geige spielte, um nicht aus der Übung zu kommen, wie er sagte. Ich hatte mich drei Tage lang nicht gewaschen. Herr L. strich mir mit der Hand über Kopf und Haare. Er mochte es, wenn ich einen sorgfältig gekämmten Mittelscheitel oder einen Seitenscheitel trug. Ich erinnerte ihn angeblich an ein Mädchen, das Eleonora Templeton hieß. Aber das war weit weg von dem, weswegen er noch einige Wochen zuvor gekommen war, als er immer wieder sagte, wie gern er, während ich liege, dabei auf meinen Kopf und mein Gesicht schaue, auf meinen Mund – und dadurch auch sich selbst angeschaut hatte.

Herr L. nahm sich ein Foto von mir mit nach Birkenau. Ich hatte ihm auf die Rückseite geschrieben: *Es ist nicht viel, wodurch ich einer Erinnerung wert bin. Viel Glück in der Zukunft. Alles Gute. Perla.*

Die letzte Nacht vor seiner Abfahrt träumte Herr L. von einem Chrysanthemenkranz, den er um den Kopf trug. Er hörte Melodien, die er nie zuvor gehört hatte.

Er erzählte mir wieder, daß Christoph Kolumbus nie gewußt hätte, wohin er fuhr, wenn er zu einer Reise aufbrach. Er hätte auch nie gewußt, wo er war, wenn er irgendwo ankam. Ich verstehe nur sehr ungefähr, warum er von allen Dingen gerade über Kolumbus und dessen erschöpfte Mannschaft so gerne sprach. Und wer weiß, sagte Herr L., wie es wirklich war, als Kolumbus hatte zusehen müssen, wie sein Flaggschiff, die Santa Maria, am felsigen Ufer zerschellt war. Herr L. fragte sich, warum der größte Teil der Mannschaft in diesem Augenblick schlief, Kolumbus mit eingeschlossen. Etwa weil sie die halbe Nacht Glasperlen und Bronzeglöckchen gegen Gold eingetauscht und zum Schluß sicher auch noch getrunken und gegessen hätten, um das alles nach Gebühr zu feiern? Sie hätten das Schiff retten können, wurden aber von Panik ergriffen, sagte Herr L. Sie waren vom Schiff geflüchtet, statt an Bord zu bleiben. Und als sie dann zurückkamen, war schon so viel Wasser ins Schiff gedrungen, daß es am Felsen steckenblieb. Das Lächerlichste an der Sache sei, daß man alles hätte verhindern können, wiederholte Herr L. Die Menschen wären unglaublich leichtsinnig, wo ein bißchen Weitblick genügen würde, um eine Katastrophe zu verhindern. Als sei es nicht genug, was die Natur dem Menschen antut. Eines aber machte Herrn L. doch wieder Mut: Daß Kolumbus auch dann nicht gewußt habe, wo er sei, als er wieder zurückgekommen war. Ich wunderte mich, was Herr L. daran so komisch fand.

Es ist nicht besonders erhebend, einen Strohsack anzuschauen, wie ich es seit einer Weile tue. Obwohl ich gewiß einen besseren Strohsack habe als neunundneunzig von hundert Leuten, habe ich ihn schon lange nicht nachgefüllt, und es ist eine tiefe Kuhle darin, in der ich bequem samt meinem Koffer Platz hätte, wenn es darauf ankäme.

Unter den Dielen ist die alte Ratte, die sich nicht anders als durch Kratzen bemerkbar zu machen versteht.

Milena hatte uns, bevor sie in den Osten fuhr, in der L 410 von ihren Erfahrungen mit dem Religionsunterricht in einer katholischen Schule berichtet, die sie, bevor man die jüdischen Großmütter ihres Vaters und ihrer Mutter gefunden hatte, besuchte.

Sie war bis zu ihrem dreizehnten Lebensjahr an der Schule. Anstatt ihnen Handarbeiten beizubringen, drohte ihnen der Priester ständig die schrecklichsten Strafen an für den Fall, daß das eintreten würde, was verboten und heilig sei, und sie einem Mann erlauben sollten, sie zu berühren. Ganz abgesehen davon, was für ein angenehmes Grauen das in den Mädchen hervorgerufen habe und wie sie sich gegenseitig berührt hätten, bevor sie den Mut fanden weiterzugehen, wie sie aufgehört hätten, die Straße nach der Dämmerung zu fürchten, die Dunkelheit und finstere Winkel in den Parkanlagen, dichtes Gebüsch, ohne daß dickes, schwarzes Haar an ihren Nacken oder Hörner an ihren Köpfen gewachsen wären und sie eine tödliche Strafe getroffen hätte, oder nachträglich etwas eingetreten wäre. Aus dem Grauen war jene Erwartung geworden, die wir alle kennen.

Ich sagte Herrn L., daß ich die Treue zwischen zwei Seelen mit einem dicken Strich von der zwischen zwei Körpern trennen würde. Übrigens, es war jener junge Priester, der Milena verführt hatte.

Einmal erzählte uns Milena, wie sie nachts in die hiesige katholische Kirche eingedrungen sei und was sie dort entdeckt habe. Sie sagte, daß dort ein junger Priester hinzukommen pflegte, und zwar durch unterirdische Gänge, die noch aus der Zeit der Kaiserin Maria Theresia stammten. Die Deutschen zerstörten diese Katakomben und Gänge nicht, weil sie natürlich ideale Luftschutzräume und Verstecke sind. Dann hatte Milena entdeckt, daß es einen geheimen Mechanismus gab, mit dessen Hilfe der Altar weggeschoben werden konnte, so daß Stiegen zur Gruft und zu einem Gang zum

Vorschein kamen, der zu den Felsen und zum Fluß Eger hinausführte. Sie habe einmal in der Nacht gesehen, wie der Priester einem jüdischen Mädchen die Beichte abnahm. Sie habe nicht alle Einzelheiten hören können, weil, wie sie sagte, der Priester und das Mädchen geflüstert hätten. Und dann hätten sie es eilig gehabt, denn der Morgen sei angebrochen, es sei heller geworden. Während sie Ludmila und mir das erzählte, lächelte sie, als sähe sie im Geist den katholischen Priester, der mit dem jüdischen Mädchen über Dinge sprach, die wir nie erfahren werden.

Nur einmal hatte Ludmila sie gefragt, warum sie sich gerade einen katholischen Priester und ein jüdisches Mädchen ausgedacht habe. Aber Milena nahm ihr Geheimnis mit in den Osten.

Es ist so, daß ich jeden, den ich sehe, mag oder nicht mag, und das aus den verschiedensten Gründen, und ich denke manchmal darüber nach, woraus sich der Mensch zusammensetzt. Das hängt vielleicht mit meinen Launen zusammen, die ich mit fünfzehn noch nicht hatte. Es sind Gefühle, die auf einem geheimen Pfad vom Grund meines Hirns aus zu mir heraufdringen, grundlose Trauer oder unerklärliche Freude – und danach Kopfschmerzen. Herr L. wußte, wie man mit so etwas umgeht, aber ich weiß es auch selbst, daß ich es zu überleben vermag, wenn ich es doch minuten- oder stundenlang aushalte.

Nie habe ich ihm gesagt, daß mir in Wirklichkeit von allem, was mit ihm zusammenhängt, seine Stimme am liebsten ist. In ihr lagen nicht nur die einundfünfzig Jahre seines Alters, sondern auch das, was wirklich in ihm, was er selbst war, einschließlich dessen, was er mir bedeutete. Jeder äußert sich durch etwas, und bei Herrn L. war es die Stimme, in der seine wahre Gestalt zum Vorschein kam. Dann ähnelt ohnehin alles dem Schlaf. Der Augenblick, wo Männer einschlafen. Und wo auch Männer unschuldig wie Engel aussehen. Ich weiß nicht. Es ist wie ein Fluß, der kommt und geht.

Er war damals nervös, vielleicht auch deshalb, weil er sah, daß er mir seinen Mantel nicht wegziehen konnte. Er hatte, wie er sagte, ein Gefühl, als würden in seinem Kopf Tausende aufgezogener Uhrwerke ticken. Ich fragte ihn, wer sie wohl aufziehe. Dann sorgte er dafür, daß ich eine Zuteilung Kohle bekam und mir hier einheizen konnte.

Dann begann ich über die verschiedenen Arten von Wirklichkeit nachzudenken, angefangen mit dem Kratzen der Ratten, denen genauso kalt ist wie mir, an der Tür, unter den Dielen und an den Mauerecken, wo sie ihre Löcher haben, bis hin zum Himmel, von dem die Sterne herableuchten, meistens, wie Herr L. sagte, längst erloschen.

Vielleicht ist die Sorte Mensch, wie unsereiner, genauso wie die Ratte dran, weil viele den Ratten ähneln, nicht nur im Aussehen, sondern auch durch das, was sie tun; und viele ähneln wiederum den Sternen, deren Licht tot ist. Ist nicht in Wirklichkeit die Erinnerung an Menschen etwas Ähnliches wie das Licht der Sterne, die es längst nicht mehr gibt?

Das fiel mir wieder ein, als Lída wegfuhr, und ich schaute den fünfzig Güterwaggons, in jedem hundert Menschen, nach, während sie in den Serpentinen schwanden, während das ganze Bild des Zuges schwand.

Doch Ludmila mochte Herrn L. nicht. Einmal sagte sie mir: »Ich habe so einen Menschen mal gekannt. Er hat seine Frau in die Brust gebissen.«

»Aus Liebe oder aus Zorn?«

»Ich weiß nicht, inwieweit solche Leute wirklich leidenschaftlich sind, wenn sie lieben, aber ich weiß bestimmt, daß sie vor Wut in Raserei geraten können, bis zur Unzurechnungsfähigkeit.«

»Warum hat er sie gebissen, wenn er sie so geliebt hat?«

»Er war ein Dichter«, antwortete Ludmila.

»Willst du damit sagen, daß mich Herr L. mal in die Brust beißen wird?«

Und als Ludmila schwieg: »Du bist ja vom Beißen besessen. Es ist nicht das erste Mal, daß du davon sprichst, wie jemand einen gebissen hat. Willst du auch noch behaupten, daß er ihr die Brustwarze abgebissen hat oder was?«

»Glaubst du, daß es möglich ist, jemandem die Brüste abzubeißen?« fragte Lída fast kleinlaut.

Zweimal. Ein Schreibblock. Ein Bilderrahmen für eine Fotografie. Fünf Mark.

Ich habe eine Postkarte unter meinen Sachen gefunden, die Harýček Geduld vorigen April von seinen Eltern aus der Barmherzigerngasse Nummer 8 in Prag bekommen hat:

»Mein allerliebster Junge. Ich bestätige hiermit Deine Karte und bin sehr froh darüber, daß Du die Trainingshose und die Strümpfe ordentlich erhalten hast. Jindras Adresse: Birkenau bei Neuberun, Oberschlesien. Du mußt auf der Karte sein Geburtsdatum anführen. Das heißt: Geboren am 17.12.1922. Ich wünsche Dir ein frohes Fest. Bleib gesund. Und denke an Deine Dich aufrichtig liebenden Eltern. Herzliche Grüße an Fritz, Věra und Ferni Weigert. Viele Grüße und Küsse.«

Auf der Briefmarke mit Stempel Adolf Hitler. Mit Bärtchen, wie immer.

15. Dezember. Zweimal. Ein hartgekochtes Ei. Zehn Mark. Dreimal. Vaseline. Zahnpasta. Seife.

Wem erzählt wohl der alte O. über Afrika, über Löwen, Schlangen, geheime Feste und über die unterirdische Stadt am Rande der Sahara? Einmal hat er mir erzählt, daß man uns sogar auf den Balearen ermordet.

Ludmila hat die meiste Angst davor, daß man sie im Osten sterilisieren oder ihr Spritzen geben könnte, die ihr Blutbild, ihre Haar- und Augenfarbe ändern würden, was man, wie es hier hieß, mit unseren Leuten im Osten mache. Ich fragte sie, warum das ihr so viel ausmachen würde.

»Ich denke nicht, daß es mir besonders eilig damit ist, Kinder zu haben, aber es ist doch ein Unterschied, mir eine solche Entscheidung zu überlassen oder sie ohne Rücksicht darauf, ob ich es will oder nicht, zu treffen.«

Und als sprächen zwei Ludmilas aus ihr, sagte sie: »Sie töten uns wie Fliegen. Wie Fliegen.«

»Sie wollen erreichen, daß es nur die Schönsten auf der Welt gibt«, sagte ich in der Hoffnung, Ludmila werde es so verstehen, wie ich es sage. »Nordische Rasse, nordische Schädel, Nasen, Augen, alles. Das ist wie ein Ausscheidungswettkampf. So etwas ist ganz normal, was willst du? Die Schönsten werden Kinder machen dürfen, aber nur mit den Reinblütigsten, und dann läuft alles wie geschmiert, so daß wiederum nur die Schönsten geboren werden; und sollte mal zufällig ein Kind mit einer krummen Nase, mit schwarzen Haaren oder schielenden Augen zur Welt kommen, schlagen sie ihm die Nase kaputt, stechen ihm die Augen aus oder reißen ihm die Haare samt Skalp aus, wie die Indianer. Wir werden nur zuschauen, werden sie beneiden und uns schämen, auch nur eine Sekunde lang in den Spiegel zu sehen, denn eine solche Schönheit und Reinblütigkeit, alles wie nach strengsten Vorschriften, könnte man aus uns nicht hervorholen, wenn man uns noch so pressen und schnippeln würde.«

»Willst du nicht einen Spaziergang zum Irrenhaus machen?« fragte mich Ludmila.

Dann sagte ich: »Du solltest die Herkunft nicht unterschätzen, nicht, aus wem und wann die Menschen geboren werden, wenn dir daran liegt, daß die Welt morgen schöner ist als gestern.«

Ludmila wußte, daß sie schön war. Es gab Tage, da blieben die Leute auf der Straße stehen und sahen ihr nach, und ich selbst sagte ihr oft genug, daß sie ihrer Mama und ihrem Papa gelungen sei. Aber manchmal fragte sie sich, ob schwarze Augen nicht eher ein Mangel als ein Vorzug seien, besondes in der Kombination mit goldblonden Haaren, die sie sich sicherheitshalber kurz geschnitten hatte, im Mikadoschnitt.

»Gäbe es nicht Mädchen wie dich auf der Welt«, sagte ich, »die könnten sich nicht in einem fort selbst für so phantastisch reinblütig halten, glaubst du nicht auch?«

16. Dezember. Fünfmal. Kümmel. Salz. Zwei Pfund Brotmehl. Fünfundzwanzig Gramm Margarine. Zwölf Mark. Fünfzig Gramm Puderzucker. Einmal. Ein Samtmuff mit Hamsterpelz innen. Einmal. Ein Suppenwürfel.

17. Dezember 1943. Ich habe eine neue Kerze genommen, obwohl ich ehrlich gesagt nicht weiß, wo ich die nächste hernehmen soll, wenn ich diese zwei letzten aufgebraucht habe. Mir fällt ein, daß ich den Kabbalisten bitten könnte. Manche Leute sind nicht weggefahren, andere sind's schon längst, und nicht etwa deshalb, weil sie unter ihren Bekannten Prominente gehabt hätten wie ich den Herrn L., sondern weil sie im betreffenden Augenblick mehr oder weniger Glück hatten, und letztlich ist es vor allen Dingen meist das Glück, das einem zu überleben ermöglicht. Manchmal jedoch wird dieses Überleben auch durch etwas bewirkt, das ein Gegengewicht zum Glück darstellt, und ich meine damit nicht nur Pech. Ich frage mich, wo wohl mein kleines Rabbinerchen sein Gericht über Gott hält. Ist nur Rachsucht dabei oder der Wunsch nach Gerechtigkeit? Jemanden verurteilen, der verurteilt?

Der Kabbalist meint, daß der Vierer in der neuen Jahreszahl gut sei. Als ich fragte, warum, lachte er mich aus, wie eine, die noch nicht zur Schule geht, und sagte: »Vier Lebenselemente. Die Eins bedeutet eine mächtige und einfache Zahl oder die Sonne. Sie bedeutet auch Ziel. Den Anfang neuer Dinge. Die Neun bedeutet Vollkommenheit, Dreieinigkeit, Dreifaltigkeit. Die Drei ist eine Zahl, an die die Schriftsteller glauben. Sie bedeutet die Mitte.«

»Bedeutet sie auch Gerechtigkeit?«

»Verlangst du nicht zufällig etwas viel auf einmal von einer einzigen Zahl?«

»Welche Zahl bedeutet Liebe?«

»Ich kann dir nur sagen, daß die Eins Ausdauer bedeutet«, antwortete er.

»Was sollen mir Zahlen, wenn ich in ihnen nicht finde, was ich brauche?« sagte ich. »Da gefällt mir eher, was du über alte Krüge gesagt hast, die leer sind, und über die neuen, obwohl du das, was du von den Zahlen sagst, schließlich von allem sagen könntest.«

Er nahm mich zur Entlausungsstation mit und gab mir zehn Kerzen. Unterwegs erzählte er mir von einem Menschen, der sich bis zum letzten Transport damit gebrüstet habe, was er alles überleben könne.

»Der Vierer in der Reihe hinter der Vier stellt Heldentaten fest. Er bedeutet Beständigkeit im Unbeständigen. Viererlei Winde, viererlei Himmelsrichtungen, viererlei Jahreszeiten«, sagte der Kabbalist.

»Mir wäre lieber, wenn so eine Vier in der neuen Jahreszahl ein Haus bedeuten würde, in dem es sich leben läßt, ohne daß man fürchten muß, wie das Vieh abtransportiert zu werden«, sagte ich.

»Das hängt eher damit zusammen, aus was für einem Stoff die Menschen sind«, sagte der Kabbalist. »Um deine Freundin Ludmila haben, soviel ich weiß, am letzten Abend, bevor sie fuhr, Harýček Geduld und ein anderer Jüngling rivalisiert. Der Jüngling schlug die Reihenfolge vor, in der sie um sie werben sollten, der eine oder der andere oder so ähnlich. Den Rest kennst du selbst, oder? Sie haben sich die Ärmel bis an die Ellenbogen aufgekrempelt. Dann hatten beide ihre Unterarme so an die Oberarme drücken müssen, daß der brennende Zigarettenstummel dazwischen nicht herausfallen konnte.«

Wir, Lída und ich, haben gesehen, wie die beiden das machten und wie sich, während die Zigarettenstummel zu Ende brannten, Brandblasen auf ihrer Haut bildeten, und vergebens sagte Ludmila ihnen, es sei Unsinn, sich vor der Abfahrt noch so zu verstümmeln, denn sie sagten ihr, daß sie nichts davon verstehe, bis sie dann dahinterkam, daß es ihretwegen war, daß sie das taten.

»Die Menschen machen die verschiedensten Sachen mit ihrem Körper, wenn sie wissen, daß sie in den Osten fahren«, sagte ich. Und ich erinnerte mich an jene letzte Nacht, was wir da gemacht, wie wir gesungen und Gitarre gespielt hatten, und wie Ludmila glücklich gewesen war.

»Danke für die Kerzen«, sagte ich ihm.

Als Geduld abfuhr, sind auch Jungens aus deutschen Familien mitgefahren, die so deutsch waren, daß die Kinder bei der Hitlerjugend und die Väter bei der Wehrmacht mitmachten, ehe man sie dann hierher brachte, weil man, wie bei Milena, jüdischen Großmüttern auf die Spur gekommen war. Weiß Gott wer und wie er hier alte Rechnungen beglich. Mit dem Kabbalisten läßt sich über so was reden, aber ich wollte ihn nicht aufhalten. Er gab mir eine deutsche Parole: *Keine Tränen*. Den Buchstaben nach ist es die Zahl 10. Das »K« am Anfang ist die Eins, das »N« am Ende die Null.

Einmal fragte mich Ludmila: »Stimmt es, daß dein Vater Zahntechniker war?« Da waren wir schon längst allein hier, ohne Eltern, wie fast alle Mädchen in der L 410.

»Er lebte davon«, antwortete ich. »Ich meine, früher. Hier lebte er wiederum davon, daß er in der deutschen Reitschule Roßhaar in die Sättel stopfte. Dort gab es noch einen französischen Handels- und Seefahrtsminister und zwei deutsche Generäle, ich meine ehemalige Generäle.«

»Da war er in bester Gesellschaft«, sagte Ludmila.

»Ist das alles, was du damit sagen wolltest?«

Statt zu antworten, fragte sie: »Glaubst du, daß er das noch macht?«

»Warum fragst du mich, wo du doch weißt, daß ich es nicht wissen kann? Es ist mindestens tausend Kilometer von hier; ich habe keine einzige Nachricht von ihnen; er hat es schon hier nicht mehr gemacht.«

»Ich habe durch die polnischen Kinder, die man hergebracht und dann über die hiesige Entlausungsstation samt Ärztepersonal wieder fortgeschickt hat, in Erfahrung gebracht, was die mit den Goldzähnen anstellen, bevor man die Leute loswird. Und wie man sie in die Duschen schickt.«

»Wie sollte ich das wissen, wenn mein Papa nur bestenfalls dort ist?«

»Weil die Kinder gesagt haben, daß man es manchen Leuten nicht vorher macht, vor dem Baden, sondern erst danach«, sagte Ludmila.

Darauf antwortete ich nicht. Sie sah mich an, als müßte sie dafür büßen, daß mein Papa Dentist geworden war. Oder dachte sie vielleicht, er sei Bademeister geworden? Ich weiß nicht. Lída sagte mir: »Ich habe das Gefühl, als würde alles, was mit mir passiert, in irgendeinem Sinne gegen die Zeit laufen. Als wüßte ich, daß ich fahren muß, wartete aber erst, bis mein Zug losfährt. Erst dann käme ich mit den Kisten und dem Koffer zum Bahnsteig, wenn du verstehst, was ich meine.«

»Fährst du normalerweise mit dem Schnellzug oder mit der Lokalbahn?«

»Es ist nicht wichtig, womit ich fahre, sondern was ich alles versäume«, antwortete sie mir. »Wichtig ist, daß mir die Hauptsache immer entkommt, ob ich nun rechtzeitig da bin oder erst drei Tage nachdem etwas passiert ist, bei einer anderen Adresse, bei anderen Leuten, anderer Gründe wegen.«

Erst später ist mir eingefallen, daß Ludmila damals wohl dachte, daß ich es überleben werde und daß es auf der Welt keine Gerechtigkeit gebe, weder in Dimensionen, auf die wir keinen Einfluß haben, noch in den unseren. Wir haben vermutlich mehrere Gesichter, und verschiedene Gesichter für verschiedene Gelegenheiten und für die verschiedensten Leute, Nächte, Momente.

Zweimal. Gummiringe für Einweckgläser. Fünf Mark. Ein Medaillon mit dem Bildnis einer schönen, schwarzhaarigen Frau von Leonardo da Vinci.

Mir ist eingefallen, daß jeder eine zweifache Geschichte hat. Die erste läuft neben der zweiten einher, so wie der alte O. zu sagen pflegte, daß jeder Mensch außer dem sichtbaren noch ein verborgenes Leben führe: Die Geschichten der Könige, der Länder und ebenso die persönliche Geschichte der gewöhnlichen Menschen schließen nicht nur alles das ein, was diesen zugestoßen ist, sondern auch das, womit sie in das Schicksal anderer eingreifen. Die unbeachtete, vergessene Geschichte gewöhnlicher Menschen wie die des alten O., des Herrn L., des Rabbi B., der Ludmila oder des Harýček Geduld. Und die Geschichte der Mädchen wie Milena, die sich immer aufs neue und tausendmal wiederholt. Mich würde interessieren, wohin das alles fließt, wo die unbekannten Lebensflüsse unbekannter Menschen münden, in welchem unbekannten Meer.

Vor der Hamburger Kaserne habe ich Ernoušek H. getroffen. Haut und Knochen, in einem eleganten Ledermantel fast bis zu den Knien, mit einem um eine Nummer zu großen Kragen und einer Krawatte. Er trug eine mit einer Schnur umwickelte Margarinekiste mit all seinen Habseligkeiten. Er ließ die Bemerkung fallen, daß er noch nie in Polen gewesen sei und immer schon fremde Länder habe sehen wollen. Und er zwinkerte mir zu, als handle es sich um eine Reise zur Fremdenlegion, nur über Polen.

»Ich fahre gern auf Umwegen«, sagte er mit seiner dünnen Stimme.

»Ich komme, wie es aussieht, bald nach«, sagte ich.

»Überstürze nichts, laß mir Zeit, damit ich dir ein ordentliches Abendessen besorgen kann«, sagte Ernoušek. »Oder soll es lieber ein Frühstück sein, damit es am Anfang nicht zuviel für mich wird?«

»Dürfte ich mit einem eleganten Damenkoffer rechnen?«

»Möchtest du auch eine Hutschachtel?« fragte er.

Die letzten Hundert von Zweitausend wurden aufgerufen. Er winkte mir mit der freien linken Hand zu. Dann lief er im Trab durch das Tor, auf die Rampe und über ein Brett in den Waggon. Im Waggon drehte er sich um und warf mir eine Kußhand zu. Mir fiel ein, daß dieser Junge auch im größten Unglück seinen Spaß fand.

Ich bin einsam wie selten zuvor. Ich hätte Lust, einen Brief an die Ratte zu schreiben: *»Liebe Ratte. Wie geht es Dir? Sei meiner lieben Erinnerung gewiß und laß Dich von mir grüßen. Ständig muß ich an Dich denken, was Du immer machst und was Du von der Zukunft erwartest. Was mich betrifft, so versuche ich, lieber an nichts zu denken. Liebe Ratte, was werden wir machen, wenn die Kerzen alle sind? Laß es Dir inzwischen gutgehen. Ich grüße Dich herzlich, Deine Perla.«*

Bevor wir, Ludmila und ich, zum Bahnsteig hinter der Hamburger Kaserne kamen, wo schon die Waggons bereitstanden und die Lokomotive angekoppelt wurde, sagte sie plötzlich: »Weißt du, was mir vielleicht am meisten leid tut? Ich habe noch nie im Leben ein Telegramm bekommen.«

»Ein Telegramm?« wiederholte ich überrascht.

»Kommt dir nicht manchmal der Gedanke, daß es Dinge gibt, die für die Menschen auf der ganzen Welt so selbstverständlich sind wie Brötchen mit Tee, wenn sie in der Früh aufwachen?«

»Telegramme werden, soviel ich weiß, verschickt, wenn ein Unglück passiert, wenn irgend jemand stirbt oder so. Mein Papa hat ein Telegramm bekommen, als die Großmutter, an die ich mich eigentlich nicht mehr erinnern kann, ins Krankenhaus gebracht wurde.«

»Aber manche bekommen ein Telegramm, weil ihnen ein Kind geboren wurde oder weil die Freundin geheiratet hat, oder als Glückwunsch zum siebzehnten Geburtstag, oder weil man Hunderttausend gewonnen hat«, sagte Ludmila.

Das war wie damals, als sie mir sagte, sie habe das Gefühl, daß man ihr schon längst alles ausgezogen und weggenommen, daß sich alles schon einmal irgendwo abgespielt habe, bevor es mit ihr selbst geschah, und das vom ersten Tag an, als man ihr den Stern gab, damit sie ihn sich in der Höhe des Herzens annähte und sich von den anderen absonderte und die anderen von sich absonderte, dann, als sie, bis auf fünfzig Kilo, alles abgeben mußte und man sie hierher brachte, bis jetzt, wo sie wieder auf einem Bahnhof stehe und eine Reise antreten solle, von der vielleicht keiner mehr zurückkehren werde. Und so, wie die Menschen in Prag am Ende froh waren, sie nicht mehr sehen zu müssen, weil es nicht besonders angenehm war, ansehen zu müssen, wie und was aus ihnen geworden war, so würden sie selbst am Ende froh sein, wenn die Deutschen ihnen ein für allemal den Garaus machten. Sie hatte dieses Gefühl schon gehabt, als die Deutschen in Prag einrückten. Als hätten sie ihr alles vom Leib gerissen, sie nackt ausgezogen, als hätte sie nichts außer sich selbst, und auch das war ihr plötzlich zu viel erschienen. Es war wie eine Lawine. Eine von jenen Launen, die einen überkommen, ohne daß man sie sich erklären dürfte oder könnte. Eine unsichtbare, lautlose Lawine, als hielten einen unbekannte, kräftige Hände und preßten das Leben aus einem heraus. Als bereite sie sich darauf vor, wie man sie tötet oder aufschlitzt oder wie sie sich selbst aufschlitzt. Alle hatten wir gelernt, zu warten, bis es vorüber war. Nur Ludmila schloß das alles in die Frage ein, warum sie nie im Leben von jemandem ein Telegramm bekommen und niemandem eins geschickt habe. Sie fuhr in einem dunklen Kostüm und den schwarzen Wollstrümpfen, die ich ihr gegeben hatte; darüber hatte sie einen Wintermantel an. Sie war schlank und blaß.

Einmal. Eine Flasche Petroleum. Ein Sack Kohle. Hundertfünfzig Mark. Ein Erste-Hilfe-Kasten. Ich habe begonnen, das Damenbriefpapier zum Schreiben herzunehmen, und habe es von eins bis hundert beziffert. Ich komme mir wie eine Witwe vor. Stimmt es, daß die Leute im Osten nicht mehr bloß fürchten, getötet zu werden, sondern fürchten, bei lebendigem Leibe begraben zu werden?

Rabbi B. hat sich erhängt. Irgendwie war ihm zu Ohren

gekommen, daß ein deutscher Arzt seine Kinder im Osten in ein D-Lager, vierundzwanzigste Baracke, geschickt hatte, wo er mit Gift- und Bleispritzen ihre Augenfarbe von braun auf blau und ihre Haarfarbe von dunkel auf blond verändern wollte.

Ich hatte wieder einen Traum, in dem unsere ganze Familie beisammen war; es war Winter, und wir fuhren in die Berge. Papa hatte in einem Steinhaus ein Zimmer gemietet, und wir aßen in einem großen Speiseraum gemeinsam mit anderen Leuten zu Abend, alle zusammen. Jeder, der etwas essen wollte, mußte, bevor ihn der Ober bediente, sein Kärtchen mit Namen und Nummer abgeben.

Ich wurde einmal übergangen. Der Ober sagte mir mit einem sauren Lächeln, daß er bedaure, aber ohne Kärtchen könne ich kein Abendessen bekommen. Ich wußte nicht, was tun. Ich hatte Angst, ohne ein Abendessen bis zum Morgen vor Hunger sterben zu müssen. Ich war schwach und blutarm, es ging bergab mit mir, es konnte kein gutes Ende nehmen. Und dann nahm ich einem Jungen sein Kärtchen weg, der es neben seinem Teller hatte liegenlassen. Und plötzlich sahen wir, daß es das letzte Abendessen war. Wir begannen uns alle zu beeilen. Dann sagte der Ober, daß alle, die kein Kärtchen hätten, sofort ins Tal hinabsteigen müßten. Draußen herrschte eine Bärenkälte. Obwohl keiner mehr etwas sagte, wußten wir, daß diejenigen, die hinabsteigen mußten, im Tal nichts Gutes zu erwarten hatten. Es gab keine Wahl mehr zwischen Gut oder Schlecht, Richtig oder Falsch, Recht oder Unrecht, nur noch zwischen Überleben oder nicht Überleben.

Ich hatte nicht viel Zeit, um zu entscheiden, was ich tun sollte. Ich wollte dem Jungen das Kärtchen zurückgeben, hätte dann aber selbst ins Tal gehen müssen. Zugleich wußte ich zwangsweise, daß der junge Mann, sollte er umkommen, meinetwegen und statt meiner umgekommen war. Ich bemühte mich, alles hinauszuschieben. Doch die Zeit drängte.

Und zugleich kam ich mir viel zu jung vor, um zu sterben. Ich bin siebzehn. Ich begann zu schreien.

Ich kann nicht schlafen, und mir scheint, als würden die Worte vor mir davonlaufen oder sich vor mir verstecken. In mir steckt jene Anspannung, die mich meine Art Feuer spüren läßt, als sei ich fähig, die ganze Welt samt meiner selbst zu verbrennen, wenn mich jemand darum bäte. Einmal hat Herr L. mir gesagt, daß er statt meiner unheilbar Kranke in den Transport einreihe. Später hat er aufgehört, mir darüber etwas zu sagen.

Oft sprachen wir, Lída und ich, über Leute, die rechtzeitig geflohen waren und nun irgendwo an der entferntesten Seite des Ozeans saßen. Einer schätzte, daß das Milliarden gekostet habe. Sie sprach an jenem Morgen, als sie sagte, sie sei neunmal geboren worden, mit Harýček Geduld darüber, und Hary korrigierte sie, daß sie vielleicht neunmal gestorben sei. Ich erinnere mich auch, wie Laszlo Berkovič mit seinen vier Kindern wegfuhr. Jedes von ihnen hatte Korbwarengepäck, das ihnen der Vater geflochten hatte, einen Korb und eine Schachtel. Das verbindet sich in mir mit einem Zigeunerlied, das er mir womöglich nie vorgesungen oder vorgespielt hat. Er glaubte, daß er nie fahren müßte, weil er den Ehefrauen der deutschen Offiziere das Geschirr reparierte, ihnen Körbe und Besen flocht und außer den Netzen für den Fischfang auch Netzschaukeln, wie er mir eine versprochen hatte, auch wenn er sein Versprechen nicht hielt. Er war der einzige, der mich vorher fragte, ob ich Kinder haben könnte.

21. Dezember. Ich wußte schon seit einigen Tagen, daß der Fliegeroffizier kommen würde, sofern er noch in der Festung war. Ich wußte nur nicht, wann, und ich weiß nicht, ob ich es mir so sehr gewünscht habe oder ob es für mich wie eine Prüfung anderer Art war. Ich schaute ihn an, wie er in der Tür stand, in seinem schönen blauen Tuchmantel, den tiefhängenden Degen an der Seite. Er hielt seine Hände in den

Taschen. Er lächelte mich an wie damals, als er zum zweitenmal gekommen war und meine Überraschung sah, Überraschung, weil ich damals nicht erwartet hatte, daß er nochmals käme. Aber dann war mir klargeworden, was ihn interessierte, was er als einziges von mir wollte, wovon er, wie er zugegeben hatte, besessen war, als gäbe es nichts anderes. Ich schaute ihn an, blickte auf seinen Mantel, auf den breiten Kragen mit den Klappen, die beiden Reihen Silberknöpfe. Ein anmutiger Schnitt und sicher eine gute Arbeit der hiesigen Schneider, bei denen fast alle Offiziere ihre Uniformen nähen ließen, wie ich von Herrn L. wußte. »Ich bin wieder hier«, sagte er. Ich sah ihn an.

»Du siehst wie das letztemal aus, fast schon zu gut erhalten für die hiesigen Verhältnisse«, sagte er. Er blickte lange um sich, hob die Dachluke mit der Schulter an, ließ sie wieder herunter und sah dann auf die Matratze und die Tür, als würde er sich etwas in Erinnerung rufen. Da ich mich gekratzt und Jodtinktur aus meiner Handapotheke benutzt hatte, roch es hier noch nach Jod, und ich sah, daß er es gemerkt hatte. Er lächelte, als würde es ihm etwas sagen. Doch fragte er nichts. Er sah den Strohsack, wie sehr er seit der Zeit, als er das letztemal hier gewesen war, durchgelegen war, die Stelle auf dem Balken, von wo ich das Bild Franz Kafkas abgenommen hatte, das mir Harýček Geduld mal gegeben hatte, die Traumkarte, die ich auf das Tagebuch geklebt hatte, um sie vor Feuchtigkeit zu schützen, die Wachskerze auf meinem italienischen Tischchen mit den hochgeschichteten Ziegelsteinen statt des fehlenden Tischbeins darunter.

»Bei dir ist es nie so schlimm, wie man von außen meinen könnte«, sagte der Offizier.

Er stand vor mir, aufrecht, hielt den rechten Arm, dessen Hand zur Faust geballt war, in die Seite gestemmt und wirkte dennoch zugleich locker. Er brauchte mir nicht zu sagen, daß er sich so gerne fotografieren ließ. Die Uniform saß ihm wie angegossen, alle drei Silberknöpfe geschlossen, unter der linken Brusttasche das Eiserne Kreuz, oberhalb der Tasche die Flügel der Luftwaffe.

»Sie haben einen schönen Degen«, sagte ich.

»Den hat mir mein persönlicher Schwertschmied im Sauerland angefertigt. Hast du je von der Stadt Solingen gehört? Er hat ihn mir aus dem Eisen geschmiedet, das unweit von hier, im Erzgebirge, gefördert wird. Du hast mehr Sachen hier, als ein Mensch in deiner Haut brauchen kann«, sagte er. »Perla – Sara.«

»Ich versuche zu verkaufen, was ich kann, und was nicht zu verkaufen ist, verschenke ich«, sagte ich.

»In Deutschland pflegen Frauen deiner Art zu geben und zu nehmen, aber sie verschenken nichts«, lächelte er.

»Ich habe mich nie beschwert, auch hätte ich keinen Mut dazu«, sagte ich.

»Wir sollten nichts übertreiben«, sagte er. »Als ich das letztemal hiergewesen bin, kam durch die Dachluke hier goldenes Licht, und als ich dann ging, saß eine Ratte auf der Treppe und dachte, daß man sie im Dunkeln nicht sähe.«

»Ich spreche nie gern über Ratten, aber auch ich denke oft an sie«, sagte ich. »Es ist kalt hier, darf ich die Tür zumachen?« fragte ich.

»Du bist zu leicht angezogen«, sagte der Fliegeroffizier.

»Frieren Sie?« fragte ich ihn.

»Hier ist es wie im Kasino«, witzelte er.

Ich sah mich im Geiste in dem Orangekleid, das wie ein Ballettkleid geschnitten war. Meine Mama hatte es mir gekauft, als ich fünf Jahre alt war. Ich entsinne mich, daß meine drei Jahre ältere Schwester erklärt hatte, die Leute würden, sollte ich das Kleid anziehen und damit auf die Straße gehen, von mir glauben, ich sei verrückt geworden. So ein Kleid, hatte sie gesagt, trage doch niemand mehr. Aber hier hatte ich oft an das Kleid denken müssen, wenn ich mir ausmalte, wie ich mich im deutschen Kasino wohl ausnehmen würde. Ich hatte schon lange keine Musik mehr von dort gehört, und ich begriff, daß es bei dieser Kälte geschlossen war.

Es wurde Abend. Ich zündete die Kerze an. Sie goß flimmerndes Licht über die Mansarde, das von einer Wand zur anderen zu springen schien, von der Diele zur Decke hoch, und mit dem Schatten des Offiziers sowie mit meinem Schatten spielte. Das späte Tageslicht schwand langsam dahin. Die Sonne stand bereits sehr tief.

»Ich habe fast nicht mehr erwartet, daß du noch hier bist«, sagte er.

»Ich bin noch hier«, antwortete ich.

»Hast du Hunger?«

Er stand noch da, die Hände in den Taschen, aber ich bin erfahren genug, zu sehen, was in den Taschen der Leute sein könnte, und um zu begreifen, daß er mit leeren Händen gekommen war.

»Du kannst dich satt essen«, sagte der Offizier, ohne mir etwas anzubieten, und ich konnte mir schon denken, was er im Sinne hatte.

Erst jetzt bemerkte ich die Speisereste an seinem Mantel, Spuren von Wein und Fettflecken. Ich versuchte abzuschätzen, woher er kam. Aber er sah nicht betrunken aus. Er sah im Gegenteil aus, als lauere er auf etwas, war von jener Lässigkeit, die man vom ersten bis zum letzten Augenblick unter Kontrolle hatte.

Er sah gutgewachsen und hübsch aus, wenn auch, bis sein Gesicht wieder die normale Farbe bekam, etwas durchfroren, denn wenn es auch hier bei mir kalt war, so blies doch wenigstens kein eisiger Dezemberwind bei mir. Die blaue Farbe seines Mantels erinnerte mich an dreierlei zugleich. An den Himmel, dessentwegen wohl die Flieger auf der ganzen Welt die Farbe ihrer Uniform wählen, an die Nacht und an noch etwas drittes. Er hatte blaue Augen wie ich, nur heller. Und unterhalb des Gürtels, in geflochtenen Silberschnüren wie bei seinen Epauletten, trug er seinen Degen, ein deutsches Schwertchen.

»Und du kannst dich dabei erwärmen und auch mich erwärmen«, sagte wieder der Offizier.

Und er begann sich langsam den Mantel aufzuknöpfen, ohne mich aufgefordert zu haben, ihm zu helfen. Dann holte er, wider Erwarten, aus einer Seitentasche seines Mantels eine flache Flasche französischen Cognacs heraus.

»Ich bin froh, daß ich dich hier gefunden habe«, sagte er.

»Auch ich bin froh, daß Sie mich hier gefunden haben«, antwortete ich.

»Nichts ist gewiß«, sagte er noch.

Er ließ seinen Blick über die Mansarde streifen und fand auf dem Regalbrett unter dem Balken zwei Tassen, die ich im Sommer des vorigen Jahres von Harýček Geduld bekommen hatte, als er geglaubt hatte, wegfahren zu müssen, dann doch nicht gefahren war und sich geschämt hatte, sie zurückzuverlangen.

»Du und die Bewohner aller Blöcke südlich deiner Straße fahren morgen mit einem Transport, von dem noch keiner etwas weiß«, sagte er langsam. Und er goß in beide Tassen, soviel hineinging, damit beide gleich voll waren.

»Ich habe jeden Tag darauf gewartet, daß ich eine Einberufung bekomme, und bin bereit«, sagte ich. »Ich kann in weniger als fünf Minuten abfahrtbereit sein.«

»Letztlich finden wir alle, was uns bestimmt ist«, sagte der Offizier.

Dann brachte er mir bei, wie man so etwas trinkt, da ich ihm gesagt hatte, noch nie im Leben französischen Cognac probiert zu haben, und er saß mir gegenüber an der gleichen Stelle, wo er schon mal gesessen hatte und wo meistens Herr L. zu sitzen pflegte.

»Schmeckt es dir?« fragte er mich.

Statt zu antworten, sagte ich ihm, daß ich des öfteren von ihm geträumt hätte, und was es gewesen sei. Ich sah, daß sie ihn freuten, meine Träume von ihm, wenn ich ihm auch nicht alles gesagt hatte. Ich muß ihm wohl gefügig vorgekommen sein, als könnte er auf mir herumtrampeln, wenn er wollte.

»Ich hoffe, daß ich mir meinen Ruf nicht verdorben

habe«, sagte der Offizier. Und er begann, sich aufzuknöpfen. »So klein und so schön«, sagte er dabei an meine Adresse.

Und besonders komisch hatte er es gefunden, daß Dämonen wie Menschen seien. Ich nippte mit der Zungenspitze am Cognac.

»Ich wußte, daß Sie kommen«, sagte ich. »Es war, wie wenn sich einem alles verdunkelt, wenn man die Augen schließt, und selbst wenn die Sonne scheint oder die Kerze leuchtet. Und ich wünschte mir, es würde wahr, noch bevor ich wegfahre oder bevor das Jahr zu Ende ist.«

»Es ist, wie ich sage, daß nichts gewiß ist, und du solltest die erste sein, die das wissen darf«, sagte er. Nach einer Weile legte er den Mantel, mit dem Seidenfutter nach außen, unter sich und lag nackt vor mir, ohne von mir zu verlangen, daß auch ich mich völlig entkleide. Den Gürtel mit dem Degen hatte er auf die andere Seite der Matratze, da, wo er zuvor gesessen hatte, gelegt, um das Ding in Griffnähe zu haben oder um es nicht aus den Augen zu verlieren. In seinen Augen lag etwas, was weder das letzte Mal noch das erste Mal darin gewesen war. Es war eine Art Nebel, als sähe er viele Dinge auf einmal, doch keines genau genug. Mir fiel ein, daß es wohl so etwas wie sein eigener deutscher Traum war, den er bei mir finden wollte. Dann merkte er, daß ihn etwas drückte, und holte aus der Brusttasche des Mantels einen Revolver der Marke Parabellum hervor und legte ihn neben den Degen hin.

Ich schaute ihn an, wie er trank, maß dann mit meinem Blick Pistole und Degen und sagte: »Es ist noch kein Schwert, und doch ist es kein gewöhnliches Messer mehr.« Und ich dachte an meinen Brieföffner, den ich am zwölften November bekommen hatte. Dann mußte ich daran denken, daß der Offizier nicht anders blickte als Melisa F. mal geblickt hatte. Und er wollte, daß ich trank, obwohl er gesagt hatte, daß es, je langsamer man so einen Cognac trinke, um so süßer zu empfinden sei, wie aller Kummer, wie Hunger, Kälte und Trostlosigkeit schwinden. Und er begann von zwei Dingen zu reden, wie er da, ganz ohne alles, auf der Matratze lag, auf seinem warmen Mantel und hübsch von Körper und Gesicht, über alles, was er gesehen hatte, und daß es immer wieder zweierlei sei, als wolle er so nur seinen ersten Eindruck bestätigt haben. Zugleich erwähnte er, er würde nicht einmal wollen, daß ich auch nur einen Bruchteil dessen zu Gesicht bekäme, was er selbst erlebt habe.

Ich hatte nicht sofort kapiert, ob er nun wollte, daß ich mich selbst oder daß ich ihn bemitleide, und ich hörte mir an, wie er Einzelheiten herausklaubte, die mich überzeugen sollten, was die zwei Dinge nun gewesen seien.

Er führte den Fall eines Geigenspielers von hier an, der mit seinen Partnern, einem Klavier- und einem Harmonikaspieler, im hiesigen Kaffeehaus gespielt hatte, und was ihm im Osten passiert sei. Wie ein Kollege des Fliegeroffziers, ein Militärarzt, Frau und vier Kinder auf die falsche Seite geschickt habe, und doch habe dieser Mensch, der nach seiner Abfahrt von hier zum Mitglied einer Kurkapelle avanciert war, die den Leuten vor den Duschräumen oder auf den Rampen aufgespielt habe, im Gesicht etwas von Dankbarkeit gehabt, Dankbarkeit dafür, daß wenigstens er überlebt hatte.

Ich wußte zwar nicht, was eine falsche Seite war, doch konnte ich es mir denken. Und er führte etwas an, worüber auch Ludmila einmal eine Bemerkung hatte fallenlassen, etwas von den Müttern, die mit ansehen mußten, wie die Soldaten beim Verlassen des Transports ihren Babys die Köpfe durch einen Schlag gegen die Mauer zertrümmerten, und wie bei allem Grauen noch die winzige Kralle zu sehen gewesen sei, mit der sie sich am Leben festhielten.

»Warum wollen alle leben, um jeden Preis?« wunderte sich der Offizier. Er erzählte, wie er selbst Mütter vor die Wahl gestellt habe, nur dann in einer Munitionsfabrik arbeiten zu dürfen, wenn sie zuvor ihre Kinder in die Bäder geschickt hätten. Und wie viele Mütter ihre Kinder aufgaben, als hätten sie noch eine Möglichkeit, sich neue anzuschaffen.

Und dann sei da noch ein Zweites gewesen, das ihn überrascht habe: Wieso Hunderttausende von Menschen so ergeben zu ihrer eigenen Schlachtung gegangen seien, zwei Seiten einer Münze, die er nicht begreifen könne.

»Ich würde an ihrer Stelle auch gehen«, sagte ich. »Warum nicht? Worauf noch warten?«

Ich bemühte mich, das Kratzen der Ratte unter der Diele zu hören, aber die Ratte war plötzlich ganz still.

»Wir würden Ruhe finden, wenn man uns zur Besiedlung der Räume im Osten ausschickt, sagt man uns.«

Der Fliegeroffizier lächelte abwesend. »Liebst du das Feuer? Ich habe gehört, daß deine Leute das Feuer lieben. Und daß die Asche für sie so viele Bedeutungen hat, daß man sich das als normaler Mensch kaum merken kann.«

»Was für Bedeutungen?« fragte ich.

»Trauer und Erlösung«, antwortete der Fliegeroffizier mit einem Lächeln. »Absage an die Sünde. Reinigung und Wiedergeburt. Bevor die Menschen Seife aus Knochen machten, benützten sie wohl Asche dafür. Hast du schon von Aschermittwoch gehört?«

»In der Schule«, bejahte ich. »Ich hatte katholische Freundinnen.«

»Wasser und Feuer sind wie Geschwister. Mit Wasser kann man sich waschen, man kann daran aber auch erstikken.«

»Von dieser Warte sehe ich das nicht.«

»Ich bin wieder einmal da gewesen, wo ich, wie ich dir schon sagte, hin und wieder meine Visiten mache, wenn man das so nennen darf«, sagte der Fliegeroffizier. »Es gibt dort viel Feuer, und das nicht nur in den Öfen. Da sind Gruben, acht Meter lang und tief wie ein Ofen, darin werden die Toten gebacken wie in einer Backröhre, oder wie in der Hölle, was dir lieber ist. Wie ich sehe, hast du keine Ahnung von der Hölle.«

»Ich bin so unschuldig nicht«, antwortete ich.

»Sei froh«, sagte der Offizier in Gedanken. »Manche Menschen glauben, daß die Seele im Schatten ist, aber glaubst du nicht auch, daß sie eher in der Asche ist, oder vielleicht sogar im Feuer?«

»Meine Seele ist in meinen Erinnerungen«, lachte ich. »Und darin, was kommen wird.«

Der Fliegeroffizier sprach mit mir und schaute mich an wie ein Blinder, vor dem sich eine Frau auszieht, oder als ob man zu einem Tauben und Stummen, der nicht mal sieht, etwas sagen würde. Oder wie ein Mensch, der zu mir eine Beziehung bar aller Begriffe wie Vertrauen, Gewissen, Scham hätte. Und so konnte ich mich im Geist selbst fragen, inwieweit das für mich noch schmeichelhaft war, einschließlich der Tatsache, daß ich früher als fünftausend andere Menschen wissen werde, was mich erwartet, und noch bevor der Morgen anbricht.

Er sah mich an wie ein Flieger, der auf die vernichtete Stadt blickt, die unter ihm lag, ohne Geräusch, ohne Gestalt, zur Unkenntlichkeit verbrannt, er sah mich an wie ein Stück Fleisch, das einst gelebt hatte, als wäre auch ich bereits ohne Seele, als wäre ich nur ein Dunst dessen, was ich vor Zeiten gewesen war, und als sollte ich erst dank seiner Gegenwart die Wirklichkeit wiedererlangen.

Warum sucht er sich seine Weiber nicht lieber in deutschen Gefängnissen? Bis auf das, daß er zu mir aufblickt. Aber zugleich bin ich auch froh, daß er da ist. Das letztemal hat er mir gesagt, was die ausgebombten Städte für einen Zauber hätten, welch eigenartigen Geruch, vielleicht von Asche oder vom restlichen Qualm.

Ich mußte an viele solche Städte denken, und ich fragte mich, warum Deutsche wie er nicht begreifen wollten, daß man ihnen mit gleicher Münze heimzahlen würde und sie zurückbekämen, was sie anderen angetan hatten?

Ich überlegte mir, ob ich ihn fragen solle, was ich ihn schon lange hatte fragen wollen: Was fand er so schön beim Töten? Ich nahm an, er würde so antworten, wie es Menschen, die töten, immer tun, daß es ganz natürlich sei, so wie Hunger, Trockenheit oder Cholera. So wäre es seit jeher gewesen, so sei es auch heute, so würde es immer sein. Töten oder getötet werden. Es sei das gleiche, als wenn man Tiere, Kinder oder die Natur liebt. Oder er würde mir sagen, daß es unsere Leute niemals gut gehabt hätten, mögen sie noch so überzeugt gewesen sein, daß das nicht so sei, oder wenn sie versucht hätten, bei schlechten Regierungen, Naturkatastrophen oder Unwettern Vorteile zu erheischen. Ich war bereit, ihm darauf zu antworten, daß er mir das nicht zu sagen brauche, daß ich das schon tausendmal gehört hätte.

Endlich stellte ich sie ihm, die Frage. Statt einer Antwort sagte er zu mir: »Bist du schon einmal über den Kanal geflogen und ins eisige Wasser gefallen?« Er wartete, was ich antworten würde, und fuhr dann fort: »Wenn man unsere Flieger aus dem Wasser fischt, weil sie dank einer günstigen Strömung nicht nach England getrieben wurden, sind sie steifgefroren wie ein Stück Eis. Die Temperatur eines Menschen darf nicht um mehr als fünf Grad Celsius sinken und darf auch nicht um mehr steigen, wenn er überleben soll. Ich könnte dir erzählen, wie sie die Ärzte, von denen ich einige kenne, wieder ins Leben rufen.«

Er sah durch die Dachluke auf die schwache, schwindende Dezembersonne, auf die Wolken, die zuerst gerötet waren, jetzt aber dunkler wurden. Ein paar Krähen flogen krächzend über das Dach. Der Tag war zu Ende. Meine letzte Nacht in Theresienstadt brach an. Das Kerzenlicht wurde intensiver.

»Wir wissen nicht, wo für die Piloten, die ins Meer gefallen sind, die Zeitgrenze liegt«, fügte der Fliegeroffizier hinzu. »Wie man dem Salzwasser standhalten kann. Wieviel ein Mensch davon trinken darf, um noch zu überleben, wenn er schon das Glück hatte, nicht erfroren zu sein.«

Er sah auf meinen Körper mit jenem Blick, den ich, bis auf eine neue Nuance, schon kannte.

»Die stärksten, gesündesten Männer und Frauen deines Alters werden in Badewannen mit eiskaltem Wasser getestet. Dann werden sie erwärmt. Bis jetzt hat sich menschliche Körperwärme am besten bewährt. Man läßt die Männer bis zur äußersten Grenze abkühlen und legt dann junge Frauen neben sie. Manche Männer lehnen es ab, sich erwärmen zu lassen. Sie treten ihre Badewannenplätze an ihre Nachfolger ab.«

Ich sagte: »Ich bin die erste, die keine Kälte mag. Ich habe nicht einmal richtige Decken.«

Beinahe wünschte ich, einen unserer Männer mit meinem Körper zu wärmen. Hatte er mir etwas andeuten wollen?

Auch ich warf einen Blick durch die Dachluke. Der Dezembertag, der mich seit dem frühen Morgen hatte frieren lassen, erschien mir plötzlich mild. Mir fiel ein, daß die blauen Augen des Offiziers wie zwei Sonnen waren, die nicht immer wärmten. Doch waren es Sonnen, die immerhin mich anblickten und nicht irgendeinen Dunst von mir. Hatte er mir den Weg in jene Einrichtung anbieten wollen, in der die Männer kaltgefroren und dann mit menschlicher Körperwärme wiederbelebt wurden? War es das, was er von mir erwartete? Doch war es nicht an mir zu fragen.

»Es ist lächerlich, wenn du meinst, daß das Töten nur eine Kugel in die Stirn, ein Messer ins Herz oder einen Strick um den Hals bedeutet«, sagte der Offizier und lächelte. »Auch wenn du davon noch nichts wissen solltest.«

Er war wohl froh, daß ich ein Gespräch über das Töten begonnen hatte, froh aus dem gleichen Grund, aus dem ich nicht mehr ganz froh war. »Das weiß doch jedes Kind«, sagte ich, »selbst wenn es Montag von Dienstag nicht unterscheiden kann und noch nicht weiß, wo man im Brief das Datum setzt.«

Ich wollte nicht den Eindruck erwecken, als wäre ich schon in dem eisigen Wasser, für eine Minute, für einen Tag, für eine Nacht, für eine Woche, wie dieser deutsche Pilot, der abgeschossen wurde, weil er irgendwo eingedrungen war, wo er nichts zu suchen hatte. Oder als wäre ich einer der Häftlinge in den emaillierten Badewannen, an dem getestet wurde, was der menschliche Organismus außen und innen alles aushielt. Anstelle von Meeressalz goß man ihm aus einem Fläschchen Chemikalien ins Wasser. Oder als drückte ich mich an einen der bereits Erfrorenen, um ihm wieder Leben einzuhauchen. Wie kann jemand – so lange Zeit – denken, sein Leben sei wertvoller als mein Leben, als das Leben von Lída, von Herrn L., von meinem Vater, von meiner Mutter? Doch in den Augen des Offiziers gab sich die Lüge als Aufrichtigkeit aus, mit der er mir einen Gefallen erweisen wollte.

Ich fragte mich, was den Offizier zum Lügner machte, auch dann, wenn er mir die Wahrheit sagte – auch dann, wenn ich zugeben mußte, daß er ein viel besserer Lügner war als etwa Herr L. oder Harýček Geduld oder Ernoušek H. Als alle diejenigen, die mich immer belogen hatten, um zu bekommen, was sie auch ohne Lügen bekommen hätten.

Herr L. hatte mir einmal gesagt, daß man, wenn man lange genug einen Baum betrachte, entdecken könne, worin er anders sei als die anderen Bäume, worin er einmalig und unwiederholbar sei. Und plötzlich wußte ich, warum der Offizier log, selbst wenn das über die abgeschossenen Piloten der Luftwaffe und die emaillierten Wannen mit dem eiskalten Wasser eine unumstößliche Wahrheit war. Erwartete er, daß ich in ihm unter all den anderen Bäumen jenen einzigartigen Baum erkennen würde?

Ich hatte ein Gefühl wie das letzte Mal, als ich mit Ludmila spazieren ging und wir an der Mauer des Irrenhauses vorbeikamen, das in der Kaserne »Kavalier« untergebracht war, die Geisteskranken waren längst nach Osten abgefahren, und der Ältestenrat hatte dort ein Altersheim eingerichtet, an der Wallstraße, im Block E VII. Ich betrachtete das hübsche Gesicht des Offiziers, seinen Hals und die Stelle, wo er sich nicht mehr rasierte, wo den Männern kein Bart mehr wächst.

Draußen heulte der Wind und drang durch das Dachfenster herein. Irgendwo auf dem Dach zerbrach ein Dachziegel. Der Dachziegel fiel krachend auf das Pflaster und zersplitterte. Der Offizier schwieg. Er meinte wohl, daß ich jedes seiner Worte bewunderte. Hinter welcher Grenze wird die

Schuld nicht mehr so bemessen, wie sie mein Vater, der kleine Rabbi oder Herr L. bemaßen? Mir fiel ein, daß der Offizier wohl deshalb log, damit alles noch wahrer sei als Wahrheit. Aber es schmeichelte mir, daß er hier bei mir war. Die Lüge brachte für ihn das gleiche zuwege wie die Pistole, wie das Maschinengewehr, wie das eiskalte Wasser im Meer oder in der Badewanne. Doch konnte ich ihm nicht verzeihen, daß er die Lüge als Tugend handelte, für die er verdientermaßen eine Auszeichnung hätte bekommen müssen. Wo ist Herr L. geblieben, der es mir erklären könnte? Oder der kleine Rabbi? Die Augen des Offiziers fragten mich, ob ich verstanden hätte. Sah ich darin jenen Großmut, der, zumindest eine Zeitlang, den Unterschied zwischen Freund und Feind zu verwischen imstande war?

Zugleich blitzte ein Hauch von Trauer in seinen Augen auf, wie bei einem Menschen, der auf sich selbst angewiesen ist. Und schließlich die Kehrseite der Trauer, die Begeisterung über sich selbst. Die Bewunderung seiner selbst. Er sah mich an wie ein Hund, oder wie man in einen Spiegel sieht.

»Jeder bekommt am Ende, was er verdient«, sagte er.

»Ich möchte manchmal wissen, was in den Köpfen der anderen vorgeht«, entgegnete ich.

Er sah mich an, als wollte er wissen, wohin meine Vergangenheit verschwand, denn was meine Zukunft anging, da wußte er bereits, genauso wie auch ich es wußte, wohin ich morgen fahren würde.

Eine Weile lag er da, als läge er in einer weißen emaillierten Wanne, ohne das eisige Wasser freilich, das er so fürchtete am englischen Meer. Er legte sich mein Lächeln auf seine Weise aus. Etwas Dunkles, das ich bis heute nicht begreife, band uns aneinander, als mündeten alle Gedanken über Lügen und Töten in körperlicher Lust, in dem heimlichen Impuls, in dem Wunsch, sich durch körperliche Nähe etwas zu beweisen. Etwas, das die Tiere haben. Das einst auch die Menschen hatten, wie Herr L. immer sagte, das aber verlorengegangen war und nur in einer Art Echo wiederkehrte.

Fast tat es mir leid, daß ich es verloren hatte, falls es ein für allemal verloren war. Ich lächelte ihn an, wie ich einst Herrn L. angelächelt hatte.

Ich trank so langsam, daß sich der Fliegeroffizier noch etwas aus meiner Tasse in die seine goß. Wir sprachen noch eine Weile, und ich sah, daß er seinen eigenen Körper betrachtete und dann meinen Mund, als sähe er nichts anderes von mir als meine Lippen, und letztendlich wollte er ja nichts anderes.

Sein Körper erwachte entsprechend der Zeit, die er brauchte, um meine Lippen zu betrachten. Vielleicht, daß er im Geist zu sich etwas sagte oder daß er wirklich etwas sagte; aber ich denke, daß ich es entweder nicht hören oder wahrnehmen oder daß ich es nicht verstehen konnte. Ich hatte begriffen, was er wollte, und es war nicht das erste Mal, daß er es von mir bekam.

Ich konnte an seinem Gesicht und daran, wie er die Augen zukniff, wie eine Katze, jede meiner Berührungen beobachten. Zuweilen war sein Ausdruck so entrückt, als sei er nicht mehr hier, sondern berühre etwas so Fernes wie den Tod und das Geheimnis, das mit der Geburt eines Menschen verbunden ist.

Dann beobachtete ich seine Hände, sah, wie er die Finger streckte, als wolle er etwas Unkörperliches berühren, sich daran klammern, und dann schlossen sie sich zur Faust und öffneten sich wieder. Er schloß seine Augen, als wolle er nie mehr etwas sehen.

Ich hörte in der Ecke unter der Bretterdiele die Ratte lärmen, die schon lange dort gewesen sein mußte und sich nun lauter als sonst meldete.

Die ganze Zeit über half mir das Wissen, daß ich am Morgen mit einem der Transporte fahren würde, die immer schon gefahren und von denen nur die Waggons zurückgekehrt waren, mit anderen oder mit denselben Lokomotiven und mit verschiedenen Lokführern, mal tschechischen, mal deutschen, mal holländischen, je nachdem, welcher Bahnhof oder welches Depot freie Maschinen für den jeweils nächsten Transport hatte, für tausend, zweitausend, dreitausend und, in den letzten Wochen, jeweils fünftausend Menschen auf einmal. Es war ein Gefühl, als bereite ein Fluß sich darauf vor, einen Tautropfen zu empfangen, und als ob sich, umgekehrt, auch der Tropfen darauf vorbereite. Lange Zeit hatte ich es als einen Regentropfen oder einen Spritzer aus einer Pfütze oder als einen Tropfen Blut angesehen, Blut, wie zuvor bei mir, als ich mich gekratzt und es mit Jod zu stillen versucht hatte. Oder als den ausgespuckten Speichel eines Menschen oder eines Tieres. Und nun half mir die Gewißheit, daß höchstwahrscheinlich keiner davon erfahren würde, daß die Stille, die Herr L. und dann den kleinen Rabbi B. so nervös gemacht hatte, weniger bewegt würde als die Oberfläche eines Sees durch einen Stein, der hineingefallen war und Ringe aufwühlte, die wieder verschwanden, als seien sie nie gewesen. Ich mußte nicht an Dinge denken wie Gewissensbisse oder Beschämung, und selbst wenn ich etwas Ähnliches verspürt hätte, es würde mit jeder Umdrehung der Räder weniger werden, je weiter der Zug auf seiner Strecke käme, die er schon endlos oft hin und zurück und wieder hin gefahren war, Tag und Nacht, im Frühling, im Sommer, im Herbst oder im Winter, bei jedem Wetter.

Ich dachte an die Frauen, die glauben, daß es sie reiner mache, wenn sie sich mit dem beschmieren, woraus Kinder entstehen, oder an die Mädchen, die glauben, durch das Verschlucken möglichst vieler Keime auf einmal gesünder, kräftiger und anziehender zu werden, und an Ludmila und an meine Mama und an Milena und an alle Mädchen, die ich gekannt hatte. Ich sah unseren morgendlichen Frühzug vor mir, wie er Tag und Nacht fuhr, zwei Tage und zwei Nächte lang, wie er über Aussig an der Elbe, über Dresden und Lodz fuhr, so, wie es Herr L. beschrieben hatte, und wie damit zugleich alle Spuren von dem, was an einer beliebigen Stelle außerhalb des Zuges passiert war, in der Ferne verschwinden würden.

Der Fliegeroffizier war sauber und duftete nach Tabak, nach den Parfüms anderer Frauen und nach Speisen. Ich hörte das Stöhnen seines Körpers und das Stöhnen, das aus seinem Mund kam. Er hielt immer noch seine Augen verdeckt, und ich wußte, daß er, so wie ich immerzu an die Ratte in der Ecke denken mußte, weil sie einen derartigen Lärm machte, an gar nichts mehr dachte.

Ich hatte keine Lust, soweit gebracht zu werden, daß ich die Ratte beneiden würde, weil sie hierbleiben konnte, solange man sie nicht in einer Falle fing, sie nicht vergiftete und dann in den Fluß oder ins Feuer warf.

Aber einen Augenblick lang war ich der Ratte nahe und verglich meine Möglichkeiten mit den ihren.

»Die kleine Judennutte«, sagte der deutsche Offizier. »Perla Sch.«

Ich dachte auch an die Haut deutscher Frauen, die ich hier erlebt hatte und die dort sein würden, wohin ich mich am nächsten Morgen in der Frühe begeben würde. Stimmte es, was man hier behauptete, daß manche von ihnen in Blut badeten? Oder daß sie Lampenschirme aus der Haut von Jungfrauen oder jungen Männern, die noch keine Falten hatten, machen ließen?

Als der Fliegeroffizier das letztemal hier gewesen war, hatte er in einer Tasche seines Mantels Vaseline mitgebracht, weil er von der Kälte und den Winden des Ostens aufgesprungene Lippen hatte, und er hatte gewollt, daß auch ich sie mir einreibe.

Er hatte nicht verstehen können, wie ich mich so lange so gut halten konnte und so aussah, wie ich aussah. Dann mußte ich daran denken, wie glücklich manche Mütter, solange sie ihr Kind erwartet hatten, gewesen waren, glücklich, als sie noch in den Armen ihrer Männer lagen und geflüstert hatten, was man so zu flüstern pflegt, als sei es die unumstößliche Wahrheit, und wie sie dann, sofern sie hinzusehen vermochten, die Reste ihrer Babys an den Wänden kleben sahen. Manche Eltern waren früh genug umgekommen, als daß ihnen die Kinder die Schuld an ihrem Schicksal vorwerfen könnten. Genauso war es in den umgekehrten Fällen.

Nur für einen Augenblick wurde ich zu jenem Kapitän aus meinem Traum, und der Kapitän wurde ich. Es waren, für den Bruchteil einer Sekunde, Dämonen, die einem von uns ähnelten. Mein Mund nahm, als ein Stöhnen aus der Kehle des Fliegeroffiziers drang, zur gleichen Zeit an Umfang zu, und es schien, als sei es nicht seine Stimme, die stöhnte, sondern eine Stimme, so weit wie die Sterne. Aus dem Inneren der Diele ließ sich wieder die alte Ratte vernehmen.

Zuvor, als wir noch sprechen konnten, hatte ich den Offizier gefragt, auf welche Art und Weise man im Osten die Frauen sterilisiere, und er hatte geantwortet, daß es meine Mutter wohl nicht mehr betreffe; aber als ich Milena oder Ludmila erwähnte, sagte er, man durchleuchte ihren Genitalbereich mit Röntgenstrahlen, sofern man nicht gar einen operativen Eingriff vornehme.

»Was würdest du deinen Kindern sagen wollen?« fragte er.

Aber aus jedem Wort war herauszuhören, wie lächerlich ihm der Gedanke vorkam, ich könnte irgendwann Kinder haben, und was ich denen wohl schon zu sagen hätte oder wahrscheinlich nie sagen würde.

Meine Gedanken begannen sich in der Richtung abzuspulen, aus der sie sich bislang aufgeladen hatten. Es war wie bei einem Dynamo, der die Kraft, die er soeben geschöpft hatte, wieder abgab. Ich werde nicht über meine Zähne sprechen, wie das Ludmila K. gelegentlich tat. Und auch nicht über das hübsche Schwertchen, das, so wie die Pistole, so nahe bei mir lag. Denn genauso nah lag, auf dem Haufen, wo sich meine Schreibunterlagen befanden, mein Brieföffner, den ich zusammen mit einem Bleistift und einer Seife bekommen hatte, was ich plötzlich in der Erinnerung so klar vor mir sah, als sei es gerade vorhin geschehen. Alles verschmolz miteinander. Als hätte sich alles in mir angesammelt, um einen einzigen Augenblick hervorzubringen.

Und ich mag auch nicht über die Stelle an der Kehle sprechen, die noch empfindlicher ist als der Schoß. Und auch nicht über den gellenden Schrei, als ich die Zähne, so stark ich nur konnte, zusammenpreßte, wie eine Ratte, die aus der Falle herauszukommen sucht, oder über den Aufschrei und das Durcheinander von Armen und Bewegungen. Im nachhinein waren es nicht einmal so viele; aber sie hatten sich in mir zu einem einzigen Knoten verflochten, den ich nicht entwirren will.

Dann hatte ich den Eindruck, als wäre auch die Ratte in der Ecke in ihrem Nest unter der Diele verstummt. Lange Zeit war überhaupt nichts zu hören, kein einziges Kratzen. Ich wartete eine Weile, bis sie sich wieder bemerkbar machte.

Einmal erzählte mir eine Frau, die vor dem Krieg in einer Bar gearbeitet hatte, was man ihr sagte, als sie als Siebzehnjährige den Dienst an ihrem neuen Arbeitsplatz aufnahm: »Du kannst froh sein, als Frau auf die Welt gekommen zu sein. Ich will nicht behaupten, daß du nie wirst hungern müssen, daß du immer einen vollen Kleiderschrank haben wirst oder daß man dich immer zu einem Ausflug einladen wird. Aber in all diesen Dingen wirst du es weit besser haben, als du es hättest, wenn du jetzt nicht hier stehen und auf die ersten männlichen Gäste warten würdest, die gerne für dich zahlen werden, wenn du nett zu ihnen bist. Die meisten Männer werden für dich alles tun, was du willst, zumindest einen Tag, einen Abend, eine Nacht lang.«

Dann hatte man ihr gesagt, daß es an jeder Frau selbst liege, was für ein Niveau das alles haben werde. Ihr Leben lang war es so mit ihr gewesen.

Obgleich ich die Frau nie wieder getroffen habe, trug ich das, was sie mir sagte, mit mir, weil es das Wichtigste war, was sie mir hatte sagen können.

Den Gerüchten von jener deutschen Frau im Osten nach, die bis hierher gelangt waren, habe sie in ihrer Militärbaracke in einer Emailbadewanne gebadet, und ihre weiße Haut habe sich vor dem Hintergrund der vollen Wanne wie Schlagsahne auf Walderdbeeren in einem Teller abgehoben. Sie soll ihre Kollegen von der SS und der SA zu sich ins Badezimmer eingeladen haben, hoch aufgerichtet in ihrer Wanne sitzend, mit hochgekämmten, strohfarbenen Haaren, sie soll gelächelt haben, als weide sie sich an deren Art zu staunen, die mit Bewunderung vermischt war.

Nachdem ich meinen letzten Eintrag gelesen habe, fällt mir ein, daß alles auch umgekehrt ist. Manchmal schämen sich die Kinder dafür, ihre Eltern überlebt zu haben. Doch ist das eine Scham, die der Unmöglichkeit entspringt, jemanden vor dem zu verschonen, wovor er verschont werden sollte, vor dem, wovor bisher noch niemand verschont wurde, ob er es wollte oder nicht wollte, ob er sich darum bemühte oder nicht bemühte.

Aus dem Osten war auch das Gerücht hierher gedrungen, daß sich Fredy Hirsch vergiftet habe, als die Kinder, die er zu betreuen hatte, von den Deutschen umgebracht wurden. Das Zyanid hätte er vom deutschen Arzt oder Offizier oder vom polnischen Kapo bekommen.

Mir ist zu Ohren gekommen, daß er den SS-Sturmbannführer, der für die Transporte verantwortlich war und gerade eine Inspektion durchgeführt hatte, gefragt habe, wo er wieder gemordet und geraubt hätte. Man fand Fredy Hirsch bewußtlos geschlagen auf. Er kam aus Aachen, hatte vor dem Krieg Medizin in Oxford studiert und Tschechisch gelernt. Er hatte sich den Nazis nie gebeugt. Sie haßten und respektierten ihn zugleich. Sie konnten seinen Widerstand nicht brechen. Sie konnten ihn nur noch nach Osten schicken.

In diesem Moment dachte ich vor allem an Ludmila, und erst dann an mich und an den Fliegeroffizier. Ich dachte an das, was sie für schrecklich gehalten hatte, auch wenn es harmlos gewesen war. Dem ist, wie Ludmila, ohne es selbst probiert zu haben, wußte, in einem solchen Moment jede Frau nahe, sollte sie tun wollen, was ich schließlich getan habe. Lída tanzte einmal, sie muß an die neun Jahre alt gewesen sein, für sich allein in ihrem Zimmer, als ihr Vater sie überraschte. Sie hat es ihm niemals verziehen, auch dann nicht, als er schon im Osten war.

Ich hatte mich auf einen Schrei vorbereitet, der nicht anders war als der, den Männer ausstoßen.

Ich hatte nicht an jene grobe Kraft gedacht, die in einen Menschen zugleich mit dem, was ihn verläßt, eindringt. Es überraschte mich nicht, daß es kein plötzliches Ende war, nur ein plötzlicher Schmerz, so heftig, daß auch der Rest von Geistesgegenwart schwand und ich Zeit hatte, nach meinem Brieföffner zu greifen.

Ich weiß nicht einmal mehr, ob sich dadurch alle Spannungen in mir lösten, so als würde man plötzlich alles in neuer Zusammenstellung sehen, so wie ein Weinen oder die Schatten von Menschen, die gewesen sind. Ich weiß nicht, ich weiß wirklich nicht. Vielleicht weiß ich nur, daß der Mensch die feste Erde unter seinen Füßen manchmal als Hölle empfindet. Und dann fühlt er, was schon so viele Menschen vor mir gefühlt haben, daß wir wirklich einsam sind. Vielleicht gehört noch dazu, daß die Menschen zu allen Zeiten einsam sind.

Das bricht nur manchmal hervor, als öffnete sich ein Vulkan. Möglicherweise ist es wie ein Stich mit dem Messer oder wie ein Biß durch alle Menschen, alle Zeiten, durch alle Religionen und Vorstellungen hindurch, genauso wie auch wir nur ein Teil dessen sind, was wir nur in manchen Augenblicken verstehen.

Ist die Entscheidung zu einer Tat aus dem gleichen Stoff wie die Wehrlosigkeit? Ist der Mensch wie feuchte Erde, die man zu den verschiedensten Formen kneten kann, damit aus den abscheulichsten die schönsten und aus den gestaltlosen feste Formen werden können?

Vielleicht ja, vielleicht auch nein. Zugleich aber weiß ich, daß ich niemanden habe, dem ich sagen könnte, was passiert, wenn diejenigen, die in tödlichem Schmerz aufschrien, jene, die sie hören und ihnen zu Hilfe eilen könnten, zuvor verkrüppelt oder getötet haben.

Ich kann mich mit der Ratte unterhalten, die mir nie Antwort gibt und nur zuweilen am Holz kratzt und so ein Lebenszeichen von sich gibt. Manche Ratten sollen wie die Katzen bis zur Schulterhöhe eines erwachsenen Menschen springen können.

Wir haben die unerwartetsten Geschenke für uns. Fleisch und Knochen, Augen, Sehnen, Blut. Das, was einer denkt. Der Morgen ist noch nicht angebrochen, aber er ist nicht mehr weit. Ich weiß nicht, warum mir der Fliegeroffizier das erzählt hat, was er erzählte, auch das vom Ende des Ersten Vorsitzenden des Ältestenrates, den Herr L. zum Bahnsteig für den Osttransport begleitet hatte. Man habe ihn ein Jahr lang in einem Bunker gehalten, nur in dem Hemd, in dem er gekommen war, seinem einzigen Wäschestück.

Es sei ein dunkler Bunker gewesen, einer für einen einzigen Menschen. Er hat nicht eigens anführen müssen, daß ihn das zu einem Stück Vieh hätte verwandeln können, hätte er nicht einen derart starken Willen gehabt. Mir fiel ein, daß es derselbe Mensch gewesen war, dem so sehr daran gelegen war, daß möglichst viele junge Leute überlebten, um Brunnenschächte in einem fernen Land graben zu können, voller Wüsten und einer tief verwehten Geschichte, dem wohl nur wenige der Älteren verziehen hatten. Wer weiß? Nach einem Jahr hatten sie ihn aus dem Bunker geholt, ließen ihn sich waschen und sich einkleiden und brachten ihn zum Kommandanten des D-Lagers, wo seine Frau, seine Mutter und sein Sohn ihn erwarteten. Die deutschen Offiziere sahen, gemessen an ihnen, aus wie aus einem Modejournal, frisch, glattrasiert. Und der Fliegeroffizier teilte mir noch einige Einzelheiten dazu mit, damit ich nicht daran zu zweifeln brauchte, daß er das alles mit eigenen Augen gesehen hatte. Der Kommandant fragte den ehemaligen Vorsitzenden des Ältestenrates in Gegenwart seiner Familienmitglieder, ob er noch immer eine so starke Vision vom Gelobten Land habe, jene Vision, um derentwillen er den Alten, als man ihm erlaubt hatte, die Gesamtvorräte zu verteilen, ihre Zuteilung schmälerte, um sie jenen zuzusprechen, die ihm dereinst helfen könnten, seinen Traum zu verwirklichen.

Dieser Mensch soll, statt zu antworten, nur gelächelt haben. Der Adjutant des Kommandanten habe eine Parabellum, Kaliber neun Milimeter, hervorgeholt und vor seinen Augen die Mutter dieses Menschen erschossen. Der Kommandant wiederholte die Frage. Dann erschoß der Adjutant auch den Sohn und die Frau. Zum Schluß habe man ihn selbst erschossen.

Endlich habe ich begriffen, warum mir der Fliegeroffizier das alles erzählte. Unter der Diele machte sich sehr schwach die alte Ratte bemerkbar. Mir fiel ein, daß die Rattengeräusche die Wahrheit sind, daß die Worte des Fliegeroffiziers wahr sind, daß das Leben, auch wenn es nur aus einer Lüge besteht, das einzige, wahre Leben ist.

Während der Offizier in seinem warmen, schönen Mantel, die Hände in den Taschen, noch im Eingang zu meinem Speicher gestanden und mich abgeschätzt hatte, wie man ein Tier oder einen Menschen abschätzt, der tief unter dem Niveau dessen steht, der die Bewertung vornimmt, hatte er mich plötzlich gefragt, ob ich noch hoffe, daß sich die Dinge ändern könnten, er meinte für mich, und was es denn sei, was mir noch Freude bereiten könne.

»Bekommst du noch deine Zuteilung Brot?«

»Manchmal.«

Und dann hatte ich gesagt: »Ich befinde mich hier immer noch abseits von allem, wie die alte Ratte. Ich kann schon vieles von dem verstehen, was sie macht.«

Und als mich der Offizier mißtrauisch ansah: »Solange ich mich noch waschen und mich hinlegen und die Sterne anschauen kann, genügt das, um mir bewußt zu machen, daß sich die Welt noch um ihre Achse dreht.«

»Keiner von euch hatte, hat und wird je den Mut haben,

bis auf den Grund zu schauen«, hatte der Offizier kurz gesagt. Und dann hatte er mich wieder angesehen, als habe es keinen Sinn, mit mir über derartige Dinge zu sprechen. »Es ist wie ein Wassersystem auf einem Fluß, der ein, zwei, drei, fünf Jahre lang ist«, hatte er hinzugefügt. »Hinter jedem Wassertor, hinter jeder Schleuse näher dem Meer ist weniger Wasser als vorher, bis es so seicht wird, daß man die Steine am Boden, tote Fische, Blutegel, alles, was ganz unten ist, sehen kann.«

Er sah mich an, als sähe er eine Wüste statt des Meeres, statt der Menschen Fische und Wasserflöhe, und sich selbst auf einem hohen Felsen stehend, und er sah, wie ich die Augen schloß, um nicht sehen zu müsssen, daß dies der tiefste Grund war.

»Manchen Leuten bietet das Leben alles«, hatte ich gesagt. Ich war bemüht, die Geräusche der Ratte zu hören.

Ludmila hatte mich einmal ganz im Ernst gefragt, wie sie es anstellen solle, um von der Wahrheit nur das zu sehen, was sie ertragen könne, so wie Herr L. es abgelehnt hatte, über die alte Ratte auch nur zu reden, obwohl sie immer hiergewesen war, auch wenn er sie manchmal nicht hatte kratzen hören. Alles war zu dem ersten Aufschrei zusammengeflossen, vor dem ich fast erschrak, obwohl ich ihn erwartet hatte. Mit dem zweiten Aufschrei, der schwächer war als der erste, machte sich noch etwas anderes als der Schmerz bemerkbar, und dann versank alles in Bewußtlosigkeit. Auch weit schwächere Arme als die meinen hätten geleistet, was noch zu tun war.

»Vielleicht ist es gar nicht so viel, was man im Leben angeboten bekommt«, sagte ich noch.

Es ist spät. Noch ist es dunkel. In der Ecke blicken aus dem faustgroßen Loch in der Diele die Augen der Ratte. Sie blikken ebenso hoch wie tief. Es ist so einfach wie einen Knopf anzunähen. Der Strohsack hat sich vollgesogen und saugt noch, das blaue Fliegertuch und die bläuliche Seide des Futters haben ihre Farbe verändert. Bald werde ich den Strohsack unten aufbinden, alles in ihn hineinstecken, als würde ich ihn mit Stroh und Lumpen, die ich nicht mehr brauche, nachfüllen, und ihn umdrehen. Wenn ich gegangen bin, bleibt allein die Ratte zurück. Sie wird es dunkel haben und nichts fürchten müssen.

Mir bleiben noch ein paar Stunden. Ich weiß, daß ich keine Zeile von dem, was ich geschrieben habe, werde mitnehmen können. Ich habe eine Handtasche aus schwarzem, glänzendem Wachstuch mit einem festen Schloß. Ich weiß die Stelle hinter dem Balken, wo ich mein Geld und das Tagebuch für den Fall versteckt hatte, daß während meiner Abwesenheit zufällig ein Unbefugter käme, eine Stelle, wo es nicht hineinregnet, und ich stecke das Tagebuch nur noch etwas tiefer hinein als bisher.

Die meisten Sachen habe ich schon verkauft oder verschenkt. Ich werde mit einem relativ eleganten Koffer fahren. Er wird aber fast leer sein, falls uns auch dort, wohin wir fahren, in der Quarantäne Burschen aus einem Institut für Schwererziehbare auflauern sollten; nur daß ich nicht weinen werde, wenn sie mir auch das genommen haben. Ich weiß, daß für manche Leute das kommende Jahr durch Schicksalsfügung in so weite Ferne gerückt ist, daß sie es nicht einmal aus der Entfernung von einigen Wochen erreichen werden.

Bevor ich fahre, werde ich mir den Mund mit eiskaltem Wasser spülen. Ich habe keine Lust mehr zu schreiben. Wahrscheinlich kann man nur schreiben, solange es zumindest ein wenig ein Spiel bleibt, eine Art Wettlauf mit der Zeit. Außerdem kann man nicht nur aus Freude oder nur der Trauer wegen schreiben.

Ich höre wieder, wie Ludmila mich fragte: »Wenn Menschen sterben, wünschen die Besten von ihnen, daß etwas nach ihnen bleibt. Und weißt du, was ich mir wünsche? Daß nach mir gar nichts bleibt. Glaubst du mir das?«

»Warum sagst du das?« fragte ich sie. »Ich muß es dir glauben, wenn du es so überzeugend sagst.«

»Ich wünsche mir, daß selbst das, was bleiben könnte, bis zum letzten Blutstropfen verblutet, genau wie ich«, sagte Ludmila.

Es klang wie das Echo von etwas, das bereits gesagt worden oder bereits passiert war, das bereits einen Namen hatte, und wie ein Echo dessen, was damit in Erinnerung gerufen werden konnte.

»Das verstehe ich, oder ich denke wenigstens, daß ich es verstehe«, sagte ich. »Du möchtest einfach töten, wenn man dich töten wird. Es ist, als hättest du Durst, wolltest aber statt Wasser Gerechtigkeit trinken.«

Ich hatte den Eindruck, daß es so tief in uns drinnen war, daß es keiner je aus uns herausreißen könnte, es sei denn, er würde uns töten; aber auch dann würde er nicht es töten, nur uns.

»Zwischen Gerechtigkeit und Rache windet sich ein so schmaler Pfad, daß ich ihn nicht mehr sehe«, sagte Lída. »Hast du schon bemerkt, daß all das, was um uns herum ist, Menschen, Sachen, Zeit, die Vergangenheit ebenso wie der Ausblick in die Zukunft, auch wenn das alles zwischen dem morgigen Tag und dem, was in tausend Jahren kommt, liegt, daß das alles dir das Töten beibringt, selbst wenn du als Lamm zur Welt gekommen bist?«

Ich denke an das Licht der Sterne, die schon tot sind, das auf die Erde fällt, gestern, morgen und wer weiß, wie lange noch. Ich werde mir Mühe geben, das hier zu verbarrikadieren, bevor ich gehe. Aber ich lasse die Dachluke offen, damit es hier hereinschneit, hereinregnet und dann der Staub hereinfällt, damit andere Ratten meiner Ratte helfen und die Vögel und Würmer und Insekten den Ratten. Ich will mich nicht mehr in die Richtung, in der der Strohsack liegt, umdrehen. Meine Stimme sagt mir wie immer, wann in dem, was ich schreibe, Wahrheit ist. Aber ich fühle nicht mehr die Erregung, die mich immer erfüllte, wenn ich wußte, daß das, was ich schrieb, Wahrheit war. Und zugleich weiß ich, daß diese Erregung, sofern sie lügt, nicht mir und nicht jetzt lügt.

Ich bin siebzehn, aber ich fühle mich so alt wie Bäume, Winde, Flüsse. Wie die Sterne, wie Licht und Finsternis. Mein Koffer aus Vulkanfiber liegt zwei Schritt von mir entfernt, damit ich bereit bin, wenn einer von der Zentralevidenz in der Magdeburger Kaserne, wo Herr L. so lange amtierte, unten ans Tor pocht.

Ich war, als ich vier Jahre alt war, gewohnt, für jeden zu tanzen und zu singen, der mich darum bat, in unserem Haus, auf der Straße, fast überall. Als ich zwölf war, sagte ich mir, ich wolle brav sein und um jeden Tag, den ich erwachsener werde, uneigennütziger. Insgeheim nahm ich mir vor, was alles im Leben ich erreichen wollte. Mit dreizehn hatten mein Körper und mein Kopf ein Abkommen geschlossen. Mit sechzehn nahm ich mir vor, alles zu lernen, was ein Mensch wie ich lernen kann. Und daß ich mich bemühen werde, für alles, was es verdient, Glück zu empfinden.

Ich hatte in der Nacht, bevor der Fliegeroffizier kam, einen Traum, wie ich sang und tanzte, als sei ich vier. Der Tanz allerdings war anders, und das nicht nur, weil soviel Zeit vergangen war. Doch ungeachtet des Tanzens hatte ich den Eindruck, auch wenn das Tanzgefühl das gleiche war, als sei ich der letzte Mensch auf der Welt. Ich wollte in dem Traum meine Mama fragen, warum so viel Unglück geschehen müsse, bevor der Mensch sich ändert? Zum Besseren? Zum Schlechteren? Ich weiß nicht, ich weiß nicht. Ich weiß nicht.

Einmal sprachen wir mit Ludmila über die Sterne. Lída meinte, daß nur das, was weit weg sei, schön ist. Daraufhin sagte ich, vielleicht sei alles, was schön ist, gut. »Vielleicht war früher gut, was schön war«, sagte Ludmila. »Jetzt ist wohl nur das schön, was es nicht gibt.« Sie lachte.

Am allernächsten steht mir die Ratte. Die Ratten kümmern sich nicht darum, was morgen wird. Ich kann mir morgen die Ratte vorstellen, da, bis wohin sie reicht. Vielleicht werde ich auch im Zug meistens nur an die Ratte denken. Ich habe schon das Gefühl, ihre Zähne seien meine Zähne, ihre Augen seien auch in meinem Blick, ein Stück Rattenherz in meiner Brust.

Auch am Ende der Reise, dann, wenn man uns aus den Waggons treiben wird, wird die Vorstellung von der Ratte, woran sie sich laben wird und wodurch sie mich überlebt, mit mir sein. Alles bleibt bei der Ratte. Ich muß mich um keinen Namen, um kein Geburtsdatum, um keine Adresse kümmern. Ratten kommen ohne Namen aus, ohne Nummern, ohne die Anschrift des Absenders.

Unten an der Rampe steht ein Güterzug. Viehwagen. Es wird auf uns weder regnen noch schneien, noch wird uns der Wind ins Gesicht blasen. Fünfzig Waggons. Sie werden uns wie die Sardinen hineinpressen. Bevor sie die Tore verplomben, werden sie uns einen Sack gekochter Kartoffeln auf den Kopf werfen, und demjenigen, der am nächsten stehen wird, werden sie einen Eimer Wasser in die Hand drücken, der uns, wenn das Wasser ausgetrunken ist, als Abort dienen kann.

Es ist kalt, die Sonne scheint. Auf den Bausteinen, die die Festung von Theresienstadt von allen Seiten umgeben, liegt Schnee, noch weiß, ohne Fußspuren; die Steinquader und Ziegel, von denen der nächtliche Sturm den Schnee gefegt hat, glänzen wie Eis. Die Lokomotive schnauft, und der Lokführer schaut zu den Bergen hin. Die Luft ist klar. Die Lokomotive verbreitet den Eindruck von Wärme.

Bald werde ich die Holzstiegen hinabsteigen und zum letzten Mal hören, wie sie knarren, als führten sie ein geheimes Eigenleben, wie alles und alle.

Ich höre in mir das Echo von Stimmen, ein Echo, das manchmal genauso lautlos kommt wie das Licht der erloschenen Sterne. Wenn ich müßte, ich würde es wieder tun. Es ist, als wäre ich irgendwie einer Antenne gleich, die mit allem verbunden ist. Ich habe meinen besten Mantel an, den mit dem aufgenähten Herrenkragen aus Fuchspelz, und wahrscheinlich sehe ich blaß aus, wie Milena oder Melisa F. oder Herr L., als sie weggefahren sind.

Bald werde ich mit der Nummer 44 um den Hals im Waggon sein. Aus Erfahrung weiß ich, daß die Organisation der Reichsbahn perfekt ist. Ich muß nicht befürchten, daß wir nicht ankommen. Ich fühle mich leer, als hätte ich kein Mark in den Knochen, als hätte meine Existenz sich entkleidet, als decke sie ein unsichtbares Dunkel, und zugleich fühle ich in mir die Anwesenheit all der Menschen, die schon weggefahren sind, die fahren und noch fahren werden. Bekannt oder unbekannt, sie sind bei mir. Ich werde fahren, wohin nahezu alle schon gefahren sind. 22. Dezember 1943. Perla Sch.

Nachwort

Arnošt Lustigs amor fati

Die Generation, zu der Arnošt Lustig gehört und die heutzutage durch Namen wie Kundera, Škvorecký, Kohout oder Vaculík repräsentiert wird, hat die literarische Landkarte Böhmens wesentlich verändert. Sie tat das mit ihrem Schicksal hadernd, das oft nicht weniger dramatisch verlief als das Schicksal des Landes. In der Verbesserungs- und Prügelanstalt der Geister, zu der Böhmen in den letzten fünfzig Jahren wurde, sind besonders diesen Literaten tüchtige Schläge beschert worden. Die Verkraftung und Verarbeitung – eine Art tschechischer Trauerarbeit – führten aber zugleich dazu, daß sich die tschechische Literatur schließlich der immer noch nachwirkenden Überreste ihrer Volkserweckungstradition entledigte, und zwar in einer Zeit, die – welche Ironie – die alte erzieherische Fortschrittlerei wieder großschrieb. Diese Autoren, und Lustig vielleicht am meisten, brachten dabei ihr Ur-Thema mit: das Ethos der Nicht-Sieger. Ich sage absichtlich nicht: »der Besiegten«, denn eines der Merkmale, die diese Werke aufweisen, ist eben das unaufhaltsam anwachsende Bewußtsein, daß es Situationen gibt, in denen man einfach nicht siegen darf. Keine geringzuschätzende Information in diesem Jahrhundert voller siegreicher Wahrheitsträger.

Auch hier ist Lustigs Beitrag markant. Es war auch seine Lebensposition, dieses Nicht-Siegen. Das ewige Antworten auf fremde Fragen, die stets von einer ausgestreckten Faust begleitet werden, wenn nicht von einer geladenen Pistole. Der spätere Publizist, Prosaist, Drehbuch- und Hörspielautor durfte noch die ausgehenden Jahre der ersten Tschechoslowakischen Republik erleben, eine Periode, die heute mit ähnlicher Nostalgie betrachtet wird wie hierzulande das Ausklingen der Zwanziger Jahre in Berlin.

Der Kontrast zwischen dieser »heilen Welt« (die in Traumpassagen aller Werke Lustigs ihr Echo findet) und der ersten »neuen«, die Hitlers Armee nach Böhmen hineingeschleppt hat und die sich dort seitdem wie ein hartnäckiger und unendlich variabler Virus am Leben hält, war grausam. Der Rausschmiß aus der Grundschule, die Pilgerfahrt durch verschiedene Berufe, darunter eine Schneider- und eine Dekorateurlehre, schließlich die Kloake namens Theresienstadt als die erste Stufe jener unglaublichen Kläranlage, die der Menschheit zu der endgültigen Reinheit verhelfen sollte und deren schlimmste Auswüchse Auschwitz und Buchenwald hießen. Beides Stationen, die Lustig gut kennt.

Er hatte Glück ... oder war es doch eine Gnade, durch die er »verurteilt« wurde, sein Zeugnis über die Mühe des Mensch-Seins in unserer Zeit abzulegen, wie es manchmal hinter und zwischen den Zeilen durchleuchtet? Im März 1945 gelang es ihm, aus dem sogenannten Marsch des Todes zu flüchten und sich bis zu dem Prager Mai-Aufstand zu verstecken, der ihm dann die Befreiung brachte.

Man hielt sie gleich für die Freiheit.

Es sollte sich jedoch langsam herausstellen, daß es einen Wesensunterschied zwischen den beiden Wörtern gibt. Ein schmerzvoller Prozeß. Aber Lustig vermag es auch, die tschechische Faszination von dem neuen Menschen, der er nach der Rettung – ähnlich wie die anderen mit gleichem Lebenslauf – unterlag, zu überwinden. Mit den in der KZ-Welt geschulten Augen tat er dies wesentlich schneller als seine Mitenthusiasten aus den Reihen des frischgebackenen tschechischen Komsomols, oder von wo auch immer. Dazu trug auch eine weitere Erfahrung bei, die des Kriegskorrespondenten. Er sammelte sie in Israel, nachdem er es geschafft hatte, dorthin geschickt zu werden, in jenem kurzen Intermezzo, in dem sich Stalin noch einen sozialistischen Judenstaat erhoffte. Die daraufhin folgende antisemitische Welle hat diesen tschechischen Neumenschen, am schnellsten eben den tschechischen sozialistisch gesinnten Juden, als den altbekannten Pogrommeister gezeigt: mit den Zähnen eines Kannibalen. Auf Literaten »kosmopolitischer« oder »zionistischer« Prägung hat er es besonders abgesehen. In dem machtkonformen Kitsch des herrschenden sozialistischen Realismus war es übrigens rein sprachlich unvorstellbar, den literarischen Erstling Lustigs ›Die Nacht und die Hoffnung‹ (und den mit ihm eng verwandten ›Diamanten der Nacht‹, ebenfalls in diesem Zeitraum entstanden) erscheinen zu lassen. Die Werke brachten nicht nur das heikle Holocaust-Thema mit, sondern auch eine Sprache, die wieder zur Sprachkunst wurde. Eigenschöpferisch und kraftvoll. Dieser stille, doch keineswegs unauffällige Protest gegen die fratzenhaften Ungetüme des offiziell vorgeschriebenen Blablas, mit dem die »neue Realität« zu deuten war, wirkte im damaligen Kontext beinahe revolutionär. Daran kann auch heute die spätere Erkenntnis der Betroffenen – Leser, Kritiker und Autoren –, daß es sich dabei um eine bereicherte Rückkehr zu den in Vergessenheit geratenen (oder zum Vergessen verurteilten) Stil-Modellen handelte, kaum etwas ändern. Die europäische Kunsttradition schlug in Lustig wieder zu. Seine leise Diktion, unmelodramatisch, endlich und Gott sei Dank fast adjektivlos (in einer Gesellschaft, die selbst aus einem Klo ein Volks-, National- oder Arbeiterklo machen möchte), hat er sich einfach auf die elementar-sinnliche Wirkung des Wortes verlassen und erzielte damit einen faszinierenden Effekt. Seine Dialoge, kompakt und schlicht zugleich, aus der Schule Hemingways, grenzten schon an Dichtung, ohne daß sie dem traditionellen Fehler der tschechischen Prosa, dem uferlosen Lyrismus, verfielen. Lustig ebnete den Weg für Hrabal und seine sprachlichen Schöpfungen. Beide stehen heute als die echten Erneuerer des Tschechischen der fünfziger Jahre da. Diese historischen Verdienste gehen natürlich bei der Übertragung der Werke in ein anderes Sprachsystem verloren, nichtsdestoweniger sei auf sie aufmerksam gemacht, denn ohne sie hätte es keinen Lustig im heutigen Sinne gegeben.

Er, der so oft im Angesicht des Todes stand, wurde somit (und gar nicht so paradox) zum Befürworter des unpathetischen Lebens. Ja, jenes Prager Frohsinns, den eben am besten die Juden zu pflegen wußten. Vielleicht ist es ihm deswegen beschieden, zu dem letzten großen jüdischen Schriftsteller dieser Stadt zu werden. Denn dies ist eindeutig sein Stamm. Er ist einer von diesem großen Geschlecht, dessen deutsche Vertreter ziemlich bekannt sind, dessen tschechischer Teil jedoch (Weiner, Poláček, Weil zum Beispiel) genauso relevant ist, obwohl er bisher keine nur entfernt breite Aufmerksamkeit auf sich ziehen konnte. Mit dem Exodus der tschechischen Juden (reformkommunistisch, sozialistisch, linksliberal, sollte man für sie die hiesigen Kategorisierungsbegriffe benutzen) nach der russischen Invasion im Jahre 1968 endet auch die längst schon residuale Existenz eines bedeutsamen jüdischen Schrifttums im Lande. Zur Strafe verlieren die Tschechen dadurch ihre letzte internationale Bindung an die äußere Kulturwelt, der sie sich so oder so verwandt fühlten. Diese Provinzialisierung ist natürlich von außen angeordnet, das Ausmaß jedoch und die rohe Durchführung fleißig hausgemacht.

In dem Schmierentheater der mitteleuropäischen Nationalismen hat letztendlich jeder der Teilnehmer das Seine bekommen, nur die böhmischen Juden werden in drei verschiedene Säcken sortiert und weiteren drei Nationalisierungsverfahren unterstellt. Ob es ihnen gerecht wird, darüber zu urteilen ist nicht unsere Aufgabe, aus dem späteren Lustig jedoch erklingt ein deutliches Klagelied darüber.

Die mageren zehn Jahre seiner vollen literarischen Existenz zu Hause (1958–1968) waren nichtsdestoweniger grundlegend. Sein Hauptthema, das Menschlich-Unendliche in der Zeit der Endlösungen, einmal erschlossen, blieb ihm auf Dauer. Es wird – immer auf eine noch kompaktere Weise – variiert. Die Aussage jedoch, über das Wesen des Bösen im Menschen selbst, verändert sich allmählich in eine antimanichäistische Botschaft.

Für Lustig ist das Böse eine unumstößliche Realität, die den Menschen entweder zu Fall bringt oder von ihm gemeistert wird. Keine Substanz also, die man auf einen einfachen sozialpolitischen Nenner reduzieren könnte, um sie dann als ein im voraus gerechter Kämpfer siegreich (schlimmstenfalls sich selbst heldenhaft aufopfernd) zu liquidieren. In allen Büchern Lustigs taucht die Illusionslosigkeit über den Menschencharakter wieder auf, dabei begleitet von einem erleichternden Sinn für Humor und einer (Tragi-)Komik, daß man sich ihr einfach anschließen möchte. Schon deshalb, weil sie selbst unter denkbar schlimmsten Auspizien einer Verständnisgeste nicht entbehrt. Sie ist es aber, die einen Raum für Verständigung erschließt ... Vergebung dabei nicht ausschließend. Auch dies ist Arnošt Lustig, ein Mann, der Vergebung kennt.

Er sieht sich darin durch seine nach-tschechische Existenz, die ihn über Israel (an dessen antimusischer Militanz er letztendlich scheiterte) nach Washington verschlagen hat, eher gestärkt. Es ist ein nach Amerika verschlagener Böhme, der jener Sprache, die in ihm ihren Meister fand, treu geblieben ist. Ein Verschollener also ... aus eigener Sicht, wie auch aus der offiziell tschechischen. Der einzige Punkt, in dem er sich mit dem dummen Regime »des Vergessens« (Kundera) einig ist. An dieser Tatsache konnte auch sein internationaler Erfolg nichts ändern. Man kommt einfach von irgendwo her, selbst wenn es ein ziemlich unerfreulicher Platz sein sollte. Man kehrt dorthin zumindest in den Emigrantenträumen zurück, aus denen man verschwitzt aufwacht, glücklich, daß sie doch nicht wahr sind. Auch die zwanzig Jahre des Exils haben es nicht geschafft, Arnošt Lustig zu einem amerikanischen Buch zu inspirieren. Sein 1979 erschienenes Werk, dessen deutsche Fassung hiermit der Leser in Taschenbuchform in die Hand bekommt, spielt noch einmal in dem Menschenaquarium (das ganz naturgemäß auch zu einem Haifischbekken wird) von Theresienstadt, dem Schauplatz seiner ersten Erzählungen.

›Aus dem Tagebuch der siebzehnjährigen Perla Sch.‹, wie der Originaltitel lautet, ist erneut eine schlichte Geschichte. Ähnlich wie in den vorausgehenden Werken Lustigs wird den dramatischsten Umständen eines Daseinskampfes keine allzu große Rolle zugeteilt. Das Epische und Äußere kommt nur sehr gedämpft zum Ausdruck. Der eigentliche Spielraum ist das Innere des Menschen, eine nicht leicht trennbare Mischung von Gegenwart und Vergangenheit, die – und das ist der springende Punkt – keine Zukunft erschließt. Die Zeit zappelt.

Dies geht alle an. Die Zukunft, sollte sie überhaupt einen Sinn haben, muß als reine Fortsetzung des Gewesenen erfaßt werden. Dadurch aber wird das Jetzt aufgehoben. Die moderne Prosatechnik mit ihrer Totalität der Zeitebenen entpuppt sich zumindest hier als eine Vorahnung der Lebensbedingungen unter dem totalitären Zwang.

Die junge Perla Sch. notiert ihre Eindrücke, Erlebnisse, Erinnerungen, Träume und – ihre Einkünfte. Die des ältesten Berufes der Welt. So skurril wie auch immer (»zwei Dutzend Damentaschentücher und ein japanischer Fächer«) alle die Sachen sein mögen, sind sie trotzdem ergiebig genug, um eben den Anschein des Weiterandauerns der einstigen Existenz zu retten und damit auch die Hoffnung. Sei es nur eine rein theoretische. Ein Lager oder ein Gefängnis wird zu dem unermeßlichen Leiden nicht nur deshalb, weil es den sprichwörtlichen Kreis der Hölle bildet, sondern auch und hauptsächlich dadurch, daß man gezwungen wird, auf alle Fragen des Lebens, die man längst für beantwortet gehalten hatte, noch einmal zu antworten. Diese gedrängte Reprise der Schwere des Seins, dieses Noch-einmal-durch-Müssens mit einem eventuell ganz anderen Ergebnis als bisher, macht den Unterschied. Jeder wählt aufs neue, Perla ebenfalls. Ihre Antwort ist biologisch.

Es wäre falsch, ihre Entscheidung unter dem so beliebten Aspekt der sozialen Deprivation zu suchen. Andere tun es eben nicht, obwohl ihre Lage nicht besser ist. Ja, sie wird dadurch eher schlimmer, der älteste Beruf nämlich verleiht einem, wenn nicht gerade Macht, so doch wenigstens einen Minieinfluß. Wer je die Luft der totalitären Gruppierungen geatmet hat, wie Lustig, weiß, wie wenig dort einem Selbstrealisierungs- oder Weltverbesserungsrituale von Nutzen sind. Er weiß zugleich, daß es nichts Schwierigeres gibt als eben den Widerstand. Das Revoltieren der Einsamen, der Vereinzelten, und daß es sozusagen keine Ästhetik hat. Lustig ist ein ausgezeichneter Diagnostiker jenes Hauptverfahrens aller Totalitarismen: der Atomisierung und Kollektivierung aller natürlichen Menschengemeinschaften. Einer Methode, die die Opfer samt den Tätern betrifft. Er weiß auch, wie eine Totalität verlockend sein kann, wenn sie an die guten (vernünftigen) Gründe appelliert – und das tut sie immer.

Lustig ist also kein Moralist. An einem Feld der Kontamination nur vorbeizugehen ist – so sieht er es – keinem von uns erlaubt ... geschweige denn in einem Seuchenherd. Ohne solch eine Berührung gibt es keine Durchschau und keinen Aufstand. Das Leben zu verteidigen heißt doch zuerst, es wahrhaft zu haben. Diese Verteidigung aber übersteigt den bloßen Selbsterhaltungstrieb, ja, sie kann sogar gegen ihn arbeiten. Und fällt auch die Verteidigungsmethode der kleinen Prostituierten im Vergleich mit den früheren Texten Lustigs (hier besonders mit dem ›Gebet für Katharina Horowitz‹) ein wenig pikant aus, verliert sie nicht an Überzeugungskraft und gehört in die Kategorie der lebenserhaltenden Taten.

Es sind meist Frauen, die bei Lustig den Lebensmut verkörpern. Sie sind die Entschlossenen, sie haben das Heroische in sich. Katharina Horowitz bäumt sich vor der Gaskammer auf, unerwartet bemächtigt sie sich einer Pistole und schießt einen SS-Bewacher nieder. Es ist sehr wahrscheinlich nur eine Traumvision, ein blitzartiges Wunschdenken, das sicher vor dem Ende viele verspürt haben müssen, doch das Recht auf den eigenen Tod (eines der selten beanspruchten unter den Menschenrechten, und Lustig glaubt daran) wird hiermit erhoben. Denn er erhält das Leben als solches. Strukturell gesehen ist ›Katharina Horowitz‹ ein Matrizenstück für unsere Perla Sch., und es wäre dem deutschen Leser zu wünschen, sich auch mit diesem Buch bekannt machen zu können.

Lustigs Philosophie des Bösen ist für die heutigen rational-sachlichen Ohren natürlich verwirrend. Sie könnte jedoch für die noch immer so lebendigen deutschen Vergangenheitsbewältigungsdiskussionen von Bedeutung sein, weil sie einfach eine tiefere Dimension annimmt. In keinem der Lustig-Texte geht es nämlich um eine einfache Anklage, es geht genausowenig um ein Geschrei aus dem Inferno, das bereits andere detailhaft und mitreißend geschildert haben, Lustig ist bemüht, die Mannigfaltigkeit und Komplexität der Schuld zu statuieren, ihren metaphysischen Rahmen. An allen Totalitarismen unseres erfindungsreichen Europas geübt, sucht er nach einer Verständigungssprache. Nicht für sich selbst, es gibt sehr wahrscheinlich keinen der Holocaust-Autoren, der sie ähnlich eindrucksvoll beherrscht hätte, sondern für uns, die wir, aus welchem Grunde auch immer, unseren Glauben für unser Wissen halten und an dem tödlichen Dualismus der reinen und unreinen Lehre weiterstricken möchten.

Lustigs persönliche Theodizee, ganz sicher nicht in philosophischen Kompendien vorgefunden, hat doch einen Philosophenpaten, der paradoxerweise tief im Deutschen verwurzelt ist. Sie erinnert an die nietzscheanische »amor fati«, jene Liebe zum Fatum, wie mannigfaltig und widersprüchlich es sein mag. Unter den fatal wissenden Europäern unseres Jahrhunderts ist dies kein wiedererwachter Fatalismus alter Zweifler an Gottes gutem Willen, sondern eine Art realer Verantwortung, für das Wunder des Geschaffenen.

Und ein Appell zu dessen Rettung. *Jiří Gruša*